Comentários à Constituição Federal

PRINCÍPIOS FUNDAMENTAIS

N244c Nascimento, Tupinambá Miguel Castro do
Comentários à Constituição Federal: princípios fundamentais / Tupinambá Miguel Castro do Nascimento. — Porto Alegre: Livraria do Advogado, 1997.
227 p.; 14x21cm.

ISBN 85-7348-033-5

1. Constituição: Brasil: 1988: Comentários. 2. Direito Constitucional. 3. Constituição. 4. Direitos e garantias individuais. I. Título.

CDU 342.4(81)"1988"(094.4.072)

(Bibliotecária responsável: Marta Roberto, CRB 10/652)

Tupinambá Miguel Castro do Nascimento

Comentários à Constituição Federal

PRINCÍPIOS FUNDAMENTAIS

— *Artigos 1º a 4º* —

livraria DO ADVOGADO editora

Porto Alegre 1997

Capa, projeto gráfico e diagramação
Livraria do Advogado / Valmor Bortoloti

Revisão
Rosane Marques Borba

Livraria do Advogado Ltda.
Rua Riachuelo, 1338
90010-273 Porto Alegre RS
Fone/fax: (051) 225 3311
E-mail: liv_adv@portoweb.com.br
Internet: http://www.liv-advogado.com.br

Impresso no Brasil / Printed in Brazil

Sumário

Parte I

HISTÓRIA CONSTITUCIONAL BRASILEIRA

1. *Introdução*

1.1. Antecedentes históricos

Pode causar perplexidade dizer que, *nominadamente*, a inicial Constituição do Brasil foi assinada nas Cortes de Portugal e é de 23 de setembro de 1822, quando o Brasil já era um país independente fazia 16 dias. Razões históricas vão explicar este fenômeno que estaria pondo em dúvida que nossa primeira Constituição é de 25 de março de 1824, outorgada por D. Pedro I, Brasil já independente há menos de dois anos. O fato certo, porém, colhido na história, é que a Carta Política de 1822, aprovada e assinada em Portugal, tinha em seu conteúdo disposições pertinentes ao Brasil, a serem aplicadas em nosso território. Desta circunstância fático-histórica não há como fugir. Como explicar o fenômeno?

Em 1808, fugindo das tropas francesas sob o comando de Napoleão, Portugal e França estavam em situação de beligerância, D. João VI chega ao Rio de Janeiro. Posteriormente, aqui instala o Reino Unido de Portugal, Brasil e Algarve. As Cortes de Lisboa, porém, em 1821, juram um projeto de Constituição, que se apoiava na idéia de a autoridade do Rei não existir por direito próprio, mas que lhe era concedida pelo povo. D. João VI, inclusive, através de decreto, se comprometera com a Constituição a ser editada e que, a final, foi assinada, como já visto, em 23 de setembro de 1822. Para Portugal, no momento da assinatura, ainda existia o Reino Unido, de que fazia parte o Brasil.

Marcelo Caetano (1977, p. 494) busca a única explicação plausível, considerando a vagarosidade das comunicações da época: "Ainda lá (em Lisboa) não se conhecia a notícia da rutura com Portugal". Contudo, sendo o Brasil já independente, reafirmada a soberania estatal, jamais um texto do exterior incidiria em território nacional, a não ser com a adoção expressa do Brasil, como ocorreu com as Ordenações Filipinas. Assim, a Constituição portuguesa de 1822 nunca foi aplicada em nosso território, não obstante, *nominadamente*, estendesse normatividades ao país recém-independizado. O sentimento de brasilidade criado com a independência se opunha.

Este sentimento de autonomia já existia antes do *Grito de Independência*, de 7 de setembro de 1822. Em Portugal, expediram-se diplomas em que se admitia que D. Pedro I permanecesse no Brasil, mas cumprindo ordens da Corte de Lisboa. Aqui, no Brasil, D. Pedro I adota medidas de oposição, endurecendo as relações Portugal-Brasil. Proíbe o desembarque de tropas portuguesas em nosso território e determina que os governos provisórios não aceitassem e nem dessem posse a qualquer empregado que viesse despachado de Portugal. Fácil compreender que o sentimento regionalizado, quando o Brasil ainda juridicamente vinculado a Portugal, aumentou após a independência. Daí, a rejeição da Carta portuguesa de 1822.

Semelhante movimento ideológico que propugnou pela adoção de uma Constituição em Portugal, fez-se presente no Brasil já antes da independência. Vivíamos a época do constitucionalismo e do liberalismo. O constitucionalismo se baseava em idéias tais como a necessidade de o povo ter sua Constituição, mesmo porque esta garantia a liberdade do povo. O artigo 16 da Declaração dos Direitos do Homem e do cidadão, adotada pela

Revolução Francesa, diz que "toda sociedade na qual a garantia dos direitos não se acha assegurada, nem a separação de poderes determinada, *não possui Constituição*" (o grifo é nosso). O liberalismo, a ideologia liberal, de que esteve impregnada na luta pela independência, desde Tiradentes, continuava após para, através de um texto constitucional, dar estruturação político-jurídica ao nosso Estado.

Uma incursão histórica é conveniente. Em 3 de junho de 1822, meses antes da independência, expede-se um decreto de convocação de Assembléia Constituinte, cujos membros seriam e foram eleitos. Esta Assembléia indica, por eleição, sete membros que compõem a Comissão com atribuições de redigir o projeto de Constituição. Isto em 5 de maio de 1823. A 1º de setembro o projeto, contendo 272 artigos, é entregue à Assembléia para exame. Registra a história que, dos 272 artigos projetados, a Assembléia só tinha examinado 24 artigos. Isto em 11 de novembro de 1823. No outro dia, 12 de novembro, D. Pedro I dissolve a Assembléia Constituinte. A dissolução não seria porque o trabalho da Assembléia se mostrava lento, como dá a entender Marcelo Caetano (*op. cit.*, p. 497)?

Entendemos que não. A base de tudo estava em que D. Pedro I queria um texto constitucional que estivesse de acordo com suas idéias, com sua ânsia de poder e mando, o que não estava acontecendo. Afonso Arinos de Melo Franco (1960, pp. 48/81) tal demonstra. Inclusive, cita frases do Imperador, extraídas de seus discursos, em que fica estampada a idéia de perpetuação de mando de D. Pedro I: "Juro defender a Constituição que está para ser feita, se for digna do Brasil e *de mim*" e "agradeço de sobremaneira à Assembléia a deliberação em que está de fazer uma Constituição *digna de mim*, digna de si e digna da nação brasileira" (os grifos são nossos).

Dissolvida a Assembléia, o Imperador cria o Conselho de Estado - Conselheiros nomeados e demissíveis *ad nutum* pelo Imperador e, por isso, todos de sua confiança - que apresenta projeto de Constituição a ser submetido à aprovação das Câmaras Legislativas. No dia 13 de março de 1824, o projeto é encaminhado a exame das referidas Câmaras. Mas, a 25 de março do mesmo ano - doze dias após a remessa às Câmaras, demonstrativo de que o projeto foi remetido somente para ciência -, houve o juramento da Constituição de 1824, que nada mais era que o projeto do Conselho do Estado.

1.2. Constituição de 1824

Não se pretende um exame completo da Constituição imperial de 1824. O objetivo deste apanhado que se faz do constitucionalismo brasileiro é dar ênfase a certos característicos de cada Carta política que possam dar um melhor entendimento à normatividade constitucional do País. A Carta de 1824, a Constituição de maior duração temporal entre todas do Brasil - acima de sessenta e cinco anos de vigência -, tem certos aspectos que, ressaltados e examinados, esclarecem-na suficientemente. São eles: a divisão de poderes, a reforma constitucional, a centralização administrativa, o problema da inconstitucionalidade das leis, as conseqüências do Ato Adicional e a lei de interpretação. Examinemos, a partir de agora, as características.

A idéia da tripartição dos poderes - Judiciário, Legislativo e Executivo -, que estava no projeto da Assembléia Constituinte, foi alterado no projeto do Conselho do Estado e, logicamente, na Constituição, acrescentando-se mais um, o Poder Moderador. Benjamin Constant foi quem, pela primeira vez, defendeu esta orientação. A justificativa dizia respeito à harmonia e independência entre os três originais poderes. Toda vez que, por haver poderes independentes, houvesse conflito entre eles, tinha que se buscar uma solução, entregando-se, na concepção de Benjamin Constant, a atribuição de coordenação e fim do conflito ao quarto poder, entregue a um órgão moderador. Esta orientação foi colhida pela Carta de 1824, mas em parte.

O Poder Moderador passou a ser atribuição do Imperador que, por sua vez, já era o chefe do Poder Executivo. Na verdade, deu-se ao Imperador um supra-poder acima de qualquer um dos outros três, pondo-se em forte dúvida se eles eram ou não independentes. A crítica que se fazia ao Poder Moderador de Benjamin Constant - a existência de um macropoder que dependizava os demais -, aumentava porque, agora, a mesma pessoa física chefiava o Poder Executivo e detinha o Poder Moderador. Era mais que um macropoder; tratava-se de um supercomando entregue a uma pessoa só. É interessante se ressaltar que o Imperador era quem presidia as reuniões do Conselho de Estado, e os Conselheiros eram pessoas de sua estrita confiança e demissíveis *ad nutum* .

Na Constituição de 1824, o Brasil era um estado unitário. Como conseqüência, havia a centralização político-administrativa. As províncias, hoje os denominados Estados Federados, e os municípios não tinham a menor autonomia possível. Um exemplo esclarece o que se quer dizer. Os Conselhos da Província não tinham função legislativa, "podiam fazer projetos de lei sobre os negócios provinciais, mas esses projetos eram enviados à Assembléia Geral, ou ao Imperador, no caso daquela se encontrar em recesso" (Melo Franco, *op. cit.*, p. 96). Compreensível porque se tratava de Estado unitário. A autonomia das províncias e dos municípios é própria dos Estados caracterizados como Federação.

Talvez, entre as atribuições do Poder Judiciário, a principal competência está, detectando a desconformidade normativa, entre lei infraconstitucional e norma constitucional, no poder declarar a inconstitucionalidade daquela. Diante da regra referente à hierarquia das leis e reconhecida a supremacia da Constituição, está o Judiciário autorizado a tirar a eficácia da lei inconstitucional, afastando-a do mundo jurídico, com força retroativa, *ex tunc*. O denominado Poder Judicial, ou Judiciário na terminologia atual, na Carta política de 1824, não tinha a competência para declarar a inconstitucionalidade de lei, mesmo que ela se demonstrasse claramente. Era o aspecto, a nosso sentir, negativo da Constituição em exame.

D. Pedro I abdica em 1831, reiniciando-se, a partir daí, o movimento revisionista da Constituição. Em 12 de agosto de 1834, publica-se o Ato Adicional. Seu conteúdo normativo era objetivo. Criou Assembléias Legislativas em cada província, compostas por eleitos, cuja atribuição principal era de legislar com a sanção do Presidente da Província. A competência legislativa estava expressa no artigo 10 do Ato Adicional. Conseqüências: apareceu, embora de modo relativo, a descentralização político-administrativa e um início de reconhecimento do princípio federativo. A Lei de Interpretação do Ato Adicional, lei ordinária de 1840, buscou restringir a competência dada às Assembléias provinciais e, assim, minimizou a conquista federativa do Ato Adicional de 1834.

1.3. Constituição de 1891

Melo Franco (*op. cit.*, pp. 115/117) arrola diversas causas que explicam a queda do Império e a implantação de República: a abolição da escravatura pela princesa Isabel, o Exército que passa a influenciar como força política e de modo sensível, a aspiração federalista já demonstrada no Ato Adicional de 1834, a influência cultural do positivismo, o Brasil ser a única monarquia no continente, o envelhecimento de D. Pedro II e seu afastamento do novo cenário político, a inexistência de herdeiro masculino para a coroa e a nenhuma popularidade do príncipe-consorte estrangeiro. No que diz respeito às causas próximas do aparecimento da Constituição de 1891, estão a proclamação da República em 1889 e a necessidade de feitura de uma Constituição conforme a nova realidade sociopolítica.

A Constituição de 1891 é de 24 de fevereiro. Nela trabalharam os membros da *Comissão dos Cinco*, nomeados pelo Governo Provisório para elaboração do anteprojeto da Constituição, os constituintes eleitos em 15 de setembro de 1890 que terminaram por aprovar, após profundas discussões, nossa primeira Carta Política republicana. Por razões de justiça, deve-se enfatizar o trabalho ingente de um homem que, ao mesmo instante, era político, jurista, publicista e constitucionalista. Após a elaboração do anteprojeto da Comissão dos Cinco, o Governo Provisório o examinou, ressaltada a importância, nestes exames, do então Ministro da Fazenda. A discussão do projeto no Parlamento teve a colaboração intelectual do mesmo Ministro. Revela-se, aqui, a importância do trabalho de Ruy Barbosa.

Os dois pontos mais salientes implantados pela Constituição de 1891 foram a Federação e a República. Inclusive, no Decreto nº 1, do dia 15 de novembro de 1889, estas idéias já estavam expressas. Esta observação tem oportunizado que se pense que, no dia da proclamação da República, não somente se a proclamou; o ato de proclamação foi estendido à criação federativa. E se compreende porque, por trás do golpe militar, estavam republicanos e federalistas em defesa de suas idéias. De momento, porém, está se ressaltando, com vista à Constituição de 1891, a implantação da federação e da república.

A federação transformou o Brasil, que era Estado unitário, em estado federal. Como conseqüência, o que, na origem da Constituição de 1891, era centralização político-administrativa, as províncias sem autonomia, dependentes do governo central, e, posteriormente, pelo Ato Adicional havendo uma relativa descentralização, diminuída pela Lei de Interpretação de 1840, passou a ser descentralização político-administrativa, os Estados-membros autônomos, com competência própria. A federação, outrossim, aparece na Constituição de 1891 como sendo cláusula intocável, isto é, forma de Estado inalterável por qualquer ato normativo, inclusive emenda constitucional.

A República reafirmava a extinção da Monarquia. Trouxe a periodicidade das eleições e dos mandatos dos Poderes Executivo e Legislativo. Não havia mais como se falar em poder transmitido por hereditariedade. O Senado que, na Constituição de 1824, garantia a vitaliciedade de seus membros, passou a ser ocupado por Senadores eleitos para determinado tempo. O mesmo ocorria com o Presidente da República, chefe do Poder Executivo. Aspecto importante é que a República, reafirmando a tripartição de Poderes - Executivo, Legislativo e Judiciário - fez desaparecer a excrescência da anterior Constituição, que era o Poder Moderador. Os três Poderes permaneciam efetivamente independentes. A harmonia entre eles se dava adotando-se um sistema de coordenação que a doutrina passou a denominar de *freios e contrapesos*.

Foram estabelecidas duas garantias para a magistratura, a da vitaliciedade e a da irredutibilidade de vencimentos. Na vitaliciedade, em tese, o magistrado servia até morrer, isto é, durante toda sua existência. Na irredutibilidade de vencimentos, via-se a garantia de não ser o magistrado pressionado ou coagido por razões remuneratórias. De outro lado, o Texto Maior de 1824 não previa o instituto de *habeas corpus*. Este foi previsto em lei ordinária, o Código Criminal de 1830. A Constituição de 1891 acolheu, em seus termos, a nova garantia individual. Constitucionalizou-se, com isso, a medida que, na compreensão de hoje, assegura o direito de ir e vir contra ilegalidades ou abusos do poder.

A reforma de 1926 alterou, em alguns pontos, a Constituição de 1891. Foram, v.g., pontos da reforma: a) a definição dos princípios constitucionais que, descumpridos pelos Estados, poderiam levar à intervenção federal; b) a proibição de, nas leis orçamentárias, aparecerem as abusivas *causas orçamentárias*, isto é, não se poderia incluir em lei orçamentária matéria que não fosse de orçamento; c) permitiu-se ao Presidente da República o direito de veto parcial das leis, ou seja, poder vetar um ou mais artigos de uma lei, e não, necessariamente, toda a lei; d) proibição de concessão de *habeas corpus* em casos políticos e aos detentos no curso do estado de sítio ou em virtude dele.

A Constituição de 1891, no dizer crítico de Amaro Cavalcanti, era o texto da Constituição norte-americana, respingado com algumas normas das Constituições suiça e argentina. Daí se afastava da realidade sociopolítica brasileira, a ela não se adequando. Ao contrário, face à descentralização do Poder, a força do coronelismo, na qual se baseava o poder dos governadores, apareceu. A Constituição de 1824 se inspirava nas idéias políticas que vinham da França e da Inglaterra, e o coronelismo, se houvesse, seria dominado pela centralização do Poder e pelo Imperador. A primeira Constituição republicana, assim, não atendia suficientemente aos anseios do povo. A reforma de 1926 não afastou seus aspectos negativos, possibilitando a Revolução de 1930.

1.4. Constituição de 1934

A Revolução de 1930 criou o Governo Provisório e, com ele, desapareceu do ordenamento jurídico a Constituição de 1891. Substituiu-a o Decreto nº 19398, de 11 de novembro de 1930, sancionado por Vargas, como chefe do Governo recém-instalado. Este Decreto esteve em vigor até 16 de julho de 1934, quando editada a nova Constituição. Considerando a incidência e o conteúdo do Decreto, Melo Franco (*op. cit.*, p. 172) denomina-o de *Constituição Provisória*, após afirmar que se trata de "uma lei constitucional outorgada por um poder de fato". Preferimos entendê-lo como normatividade transitória - e não como Constituição -, embora fizesse as vezes de texto constitucional. A Constituição de 1934, que passaremos a examinar neste item, teve vigência de somente três anos, mas, a nosso ver, fez ingressar no Texto Maior inovações importantes.

Na época, Constituições de outros países já faziam ingressar em seus textos os denominados direitos sociais. A Carta Política de 1934, atualizada com seu tempo, normatizou acerca de tais direitos, em seu sentido amplo. Teve preceitos que tratavam da legislação trabalhista (salário mínimo, jornada de trabalho de oito horas, repouso semanal, estabilidade no emprego, férias anuais, contratos coletivos, etc.) e da legislação previdenciária (aposentadoria e pensões). Criou-se, embrionariamente, a Justiça do Trabalho, posteriormente integrante do Poder Judiciário. Ainda, incluídas no sentido social do direito, normas para proteção da família formada pelo casamento, e a educação sendo declarada como um direito social.

As eleições federais brasileiras em seu todo, a iniciar com o alistamento, continuando com a recepção de votos e a apuração, qualificaram-se de fraudulentas. O Código Eleitoral de 1933 já detectara o problema e diminuira de muito a fraude. A Constituição de 1934 criou a Justiça Eleitoral que, somada ao direito da mulher de votar, começou a normalizar e legitimar as eleições. Isto porque retirava-se de certos grupos o controle do certame eleitoral, evitando-se ou diminuindo-se fraudes, e se o entregava à Justiça então criada que, por ser integrante do Poder Judiciário, se demonstrava como imparcial.

O *habeas corpus* teve assento na Constituição de 1891. Por interpretação, o Judiciário vinha concedendo a garantia não só para a liberdade de locomoção, do ir e vir, mas, identicamente, para outras hipóteses em que havia a ilegalidade ou abuso do poder. A Reforma de 1926 tentou reduzir o cabimento do *habeas corpus* somente para as situações da liberdade de ir e vir, mas não criou uma medida para as hipóteses restantes. Como era previsto, o Poder Judiciário continuou, em interpretação lata, valendo-se do *habeas corpus* e o concedendo.

A Constituição de 1934 foi mais objetiva: criou o mandado de segurança, conservando o *habeas corpus*. Tecnicamente, este serviria para corrigir ilegalidades e abusos do poder que provocassem restrição à liberdade de locomoção. Porém, para defender direito certo e incontestável que se sentisse ameaçado ou violado por ato ilegal ou manifestamente inconstitucional, desde que não amparado pelo *habeas corpus*, a hipótese seria de mandado de segurança. Tratava-se de um novo direito e garantia individual. Marcelo Caetano (*op. cit.*, p. 558) tem razão quando diz: "A inovação vinha do anteprojeto elaborado pela Comissão do Itamaraty e preenchia a lacuna resultante da restrição da função do *habeas corpus* decidida em 1926".

Ingressou também, na Carta de 1934, a ação popular. Qualquer ato lesivo ao patrimônio da União, dos Estados e dos Municípios, se anulável ou nulo, poderia o cidadão ajuizar ação, denominada de popular, visando à declaração de anulabilidade ou nulidade, com as conseqüentes responsabilidades. Esta ação se afigura como sendo a primeira a preencher os direitos de cidadania, onde falhava a legitimidade *ad causam*. O interesse público explicava o interesse do cidadão, aquele integrante do povo, do qual todo poder emana e em seu nome haverá o exercício. Na verdade, a adoção destas duas garantias individuais - o mandado de segurança e a ação popular - servem, por si sós, para aclarar a importância da Constituição de 1934.

No Poder Legislativo federal, houve uma grande inovação. Não-obstante continuasse a Federação, o Legislativo passou a ser unicameral, exercido por uma só Câmara, a Assembléia Nacional. Nesta, tinham assento deputados representantes do povo, eleitos segundo o sistema proporcional e deputados representantes das profissões - lavoura e pecuária, indústria, comércio e transportes, profissões liberais e funcionários públicos -, eleitos por suas classes. O Senado Federal, excluído do Poder Legislativo, passava a ter outras funcões institucionais: "promover a coordenação dos poderes federais entre si, manter a continuidade administrativa, velar pela Constituição e colaborar na feitura das leis" (art. 88). Uma nova forma de Poder Conservador?

Das Constituições brasileiras, conforme já foi ressaltado, é a de 1934 a de menor vigência temporal. Historicamente, há explicação para isto. Vargas fora eleito Presidente pela Assembléia Constituinte. Contudo, quer o poder sem freios constitucionais ou infraconstitucionais. Sua ambição é se manter no comando. A Constituição de 1934 era um obstáculo a suas intenções. O interesse, por isso, é substituí-la por outra. Na Europa, como exemplo, há a onda nazi-fascista. No Brasil, aparecem os integralistas (fascistas) e os comunistas. Em 1938, encerrar-se-ia o mandato de Presidente. Por isso, há a instalação do Estado novo com a derrogação da Constituição em vigor, tudo em 1937.

Um aspecto importante, em termos de influxo, deve ser acentuado. Como já enfatizado, a Carta imperial fora influenciada por orientações ideológicas francesas e inglesas, enquanto a republicana de 1891 se inspirara, fortemente, no constitucionalismo norte-americano. A Constituição de 1934, fazendo ingressar em seu texto toda uma proteção aos direitos sociais, tem nítida inspiração na Constituição de Weimar, editada na Alemanha no início do Século XX.

1.5. Constituição de 1937

A Carta estadonovista de 1937, também conhecida como *Polaca*, não foi uma Constituição. Na verdade, desenhou-se como uma grande fraude política, chegando a se categorizar como estelionato político de grandes proporções. Formalmente se apresenta como um texto constitucional, afastando do ordenamento jurídico brasileiro a Constituição de 1934, mas, efetivamente, interpretados alguns artigos, visa a atender a intenção de continuismo de Vargas. Eleito Presidente pela Assembléia Geral, seu mandato presidencial se encerraria em 1938. A Constituição de 1937 outorgada, pura e simplesmente prorrogou o término do mandato para o dia que Vargas quisesse.

O artigo 187 da Constituição estadonovista tinha a seguinte redação: "Esta Constituição entrará em vigor na sua data e será submetida ao plebiscito nacional na forma regulada em decreto do presidente da República". Registra a história que decreto regulando o plebiscito nunca saiu, o que significa que o plebiscito nunca se realizou. Primeiro efeito desta omissão, que era de Vargas, está na seguinte norma: "O atual presidente da República tem renovado o seu mandato até a realização do plebiscito a que se refere o art. 187" (art. 175). Como se vê, a data da realização do plebiscito era entregue ao talante de Vargas que, não determinando a data de sua feitura, se mantinha no Poder. Assim, a renovação do mandato de Vargas dependia de uma só manifestação: a dele mesmo.

A Constituição previa a existência do Poder Legislativo, através de eleições de um Parlamento Nacional. Dizia o artigo 178 da Carta Política em exame que as eleições seriam "marcadas pelo Presidente da República depois de realizado o plebiscito a que se refere o artigo 187". Contudo, como o plebiscito não se realizava, não havia convocação para eleições, não existindo, por isso, o Parlamento. Segundo efeito da mesma omissão de não realizar o plebiscito estava no artigo 180: "o poder de expedir decretos-leis sobre todas as matérias da competência da União", enquanto não se reunisse o Parlamento, seria do Presidente da República.

Até agora, o Poder Executivo e o Poder Legislativo estavam entregues a Vargas e, nos moldes das regras constitucionais, durante o tempo que o Presidente quisesse, visto que a condição exigível, para o término de seu mandato e a instalação do Parlamento, dependia somente dele. Havia, no entanto, o Poder Judiciário, em tese, independente. A inteligência do redator da Constituição encontrou outra solução. O artigo 177, inicialmente transitório e, posteriormente, tornado permanente (Lei Constitucional nº 2), permitia a aposentadoria compulsória de qualquer agente "a juízo exclusivo do Governo".

Todas as circunstâncias referidas acima levam a algumas conclusões. O Poder Judiciário, com a ameaça constante de inativação compulsória de seus integrantes, não podia ser independente, e os outros dois, titularizados pela mesma pessoa, não configuravam a separação de poderes. Ademais, na prática, como se acentuou, não havia a periodicidade dos mandatos, negando-se assim a própria existência da república. Além do mais, os Interventores estaduais eram nomeados pelo Presidente, e não eleitos, o que obscurecia a autonomia dos Estados Federados. Tudo sendo dirigido pelo governo central, exercia-se centralização político-administrativa, que rejeitava a existência da Federação. Onde o princípio federativo?

A independência do Judiciário não existia, ainda por outra razão. Na época, já fora introduzido em nosso direito caber ao Judiciário controlar a constitucionalidade das leis. No confronto entre normas infraconstitucionais e constitucionais, aquelas deveriam estar conformes com estas, face a regras pertinentes à hierarquia das leis. O Judiciário, competência do Supremo Tribunal Federal, diante da desconformidade, declarava a inconstitucionalidade da lei subconstitucional. A Carta de 1937 permitia que a matéria fosse entregue ao Legislativo que, por maioria qualificada, podia rejeitar a decisão do STF. Onde a independência, com esta invasão de competência?

Diante de toda esta orientação imprimida na Carta de 1937, o seu artigo 73 era uma conseqüência lógica. O que dizia o artigo 73? Normatizava que "o Presidente, autoridade suprema do Estado, coordena a atividade dos órgãos representativos, de grau superior, dirige a política interna e externa, promove ou orienta a política legislativa de interesse nacional, e superintende a administração do país". Este artigo estava calcado no artigo 2º da Constituição polonesa da época; daí o apelido à Carta de 1937 de *polaca*. O artigo 73, acima transcrito, retrata todo o autoritarismo da Constituição estadonovista.

Interessante é o exame da revisão ou reforma constitucionais na Constituição de 1937. Havia previsão na Lei Maior: "A Constituição pode ser emendada, modificada ou reformada por iniciativa do Presidente da República ou da Câmara dos Deputados" (art. 174). Na prática, porém, e este é o primeiro aspecto, o poder de emenda ficou exclusivamente com o Presidente da República. Como a Câmara dos Deputados não se reunia, face a razões já examinadas, o que era simples iniciativa do Presidente da República passou a ser poder de reformabilidade. Durante o período em que esteve Vargas no governo, em vigor a Carta de 1937, a Constituição foi emendada em dez oportunidades, através de leis constitucionais editadas por Vargas.

Contudo, tirante esta solução *de fato*, qual era o processo indicado no texto constitucional para as emendas? Inicialmente, na hipótese de emenda de iniciativa do Presidente da República, ela seria votada *em bloco*, isto é, sem destaques, sem qualquer modificação, a não ser se "tiverem a sua aquiescência (de Vargas), se sugeridas por qualquer das Câmaras" (§ 1º do art. 174). Bastaria para aprovação que houvesse a *maioria simples*, isto é, "maioria de votos da Câmara dos Deputados..." Contudo, se o Parlamento não aprovasse a proposta de emenda remetida pelo Presidente, este "poderá, dentro de trinta dias, resolver que o projeto seja submetido ao plebiscito nacional", sendo que o resultado favorável na consulta popular transformaria o projeto em lei constitucional (§ 4º do art. 174).

Na hipótese, porém, de emenda de iniciativa da Câmara dos Deputados, há exigência para aprovação de *maioria absoluta*, isto é, "o voto da maioria dos membros de uma e outra Câmara" (§ 2º do art. 174). Aprovada a emenda, deverá ser remetida ao Presidente da República, sendo que este "poderá devolver à Câmara dos Deputados o projeto pedindo que o mesmo seja submetido a nova tramitação por ambas as Câmaras", só prevalecendo "se obtiver o voto de dois terços dos membros de uma e outra Câmara "(§ 3º do art. 174). Aprovada a emenda definitivamente, o Presidente poderá submetê-la à consulta plebiscitária. A simples comparação do processo e *quorum* exigidos aclara a maior facilidade na aprovação dos projetos de emenda iniciados pelo Presidente do que os de iniciativa da Câmara dos Deputados.

1.6. Constituição de 1946

Deposto Vargas em 29 de outubro de 1945, substituiu-lhe o Min. José Linhares, então Presidente do Supremo Tribunal Federal. De logo, duas medidas deveriam ser tomadas. A que correspondia à reafirmação da necessidade de uma nova Constituição, que atendesse aos reclamos sociopolíticos da época, e medidas saneadoras relativamente à Constituição de 1937, que se mantinha em vigor. A Lei Constitucional nº 13, de 12 de novembro de 1945, assinada por José Linhares, qualificou a Assembléia já convocada como Constituinte, outorgando-lhe "poderes ilimitados", ou sejam, os poderes jurídicos convenientes à feitura de uma nova Constituição. No que concerne à sanação dos equívocos da Constituição de 1937, foram editadas outras leis constitucionais, de caráter transitório, enquanto não editado o novo texto constitucional.

A Lei Constitucional nº 12, de 7 de novembro de 1945, revogou o artigo 177 da Carta de 1937, aquele que dava ao Presidente o poder de, a seu talante, discricionariamente e até arbitrariamente, aposentar ou reformar servidores civis e militares. A Lei Constitucional nº 18, de 11 de dezembro de 1945, extinguiu o direito do Presidente da República e do Parlamento de invadirem a competência do Judiciário, para revisar as decisões que declaravam inconstitucionais certas leis. Devolveu-se, assim, por estas duas leis constitucionais, a dignidade e a independência do Poder Judiciário, o que detém a atribuição de prestação jurisdicional, e aos funcionários públicos em geral a garantia de sua relação estatutária, livre de vinganças e perseguições.

A Assembléia Constituinte foi eleita a 2 de dezembro de 1945, instalando-se a 2 de fevereiro de 1946. Dela disse um de seus integrantes, o então deputado Aliomar Baleeiro: "a mais cética e a mais melancólica das Assembléias Constituintes que se reuniram no Brasil" (*apud* Marcelo Caetano, *op. cit.*, p. 580). Outros a criticam por razões diversas. A Assembléia não teria tentado estabelecer grandes inovações. O que buscara era a restauração da república federativa democrática que se sobressaía das Constituições de 1891 e 1934 e conspurcada pela Carta Política de 1937. Por sua vez, em outra posição, se sustenta que o que foi possível introduzir de modernidade constitucional foi realizado.

No seu conjunto, foi uma boa Constituição, engrandecida pelo trabalho rápido e técnico da Assembléia Constituinte. Basta dizer que, instalados os trabalhos a 2 de fevereiro de 1946, pouco mais de sete meses após - em 18 de setembro de 1946 -, a Constituição foi editada. Dela diz Celso Ribeiro Bastos (*op. cit.*, pp 312 e 313) que "a Constituição de 1946 se insere entre as melhores, senão a melhor de todas que tivemos" e que "de qualquer sorte ela, no seu conjunto, configura um Texto equilibrado e harmônico". A ênfase que se dará, em seguimento, a algumas de suas normas é suficiente para formar opinião a seu respeito.

O princípio constitucional da separação dos Poderes foi, pela Carta de 1937, reduzido a um quase nada. Os Poderes Executivo e Legislativo estavam nas mãos da mesma pessoa que, por sua vez, direta ou indiretamente, tinha influência no Poder Judiciário. A Constituição de 1946 restabeleceu os três Poderes, afirmando-os harmônicos e independentes entre si, o que ocorreu na prática efetiva das normas constitucionais. Mais do que isto, vedou a delegação dos poderes. De outro lado, a garantia do mandado de segurança, que fora criado pela Carta de 1934, foi relegada pela Constitução de 1937 que a remeteu para lei ordinária. A Constituição de 1946 reconstitucionalizou o mandado de segurança que, passando a ser matéria constitucional, é elencado como garantia individual no § 4º de seu artigo 141.

Os magistrados, na Constituição de 1891, tinham as garantias de vitaliciedade e de irredutibilidade de vencimentos. A Constituição de 1934 confirmou-as. A Carta de 1937, permitindo que o Governo, a seu exclusivo interesse, aposentasse ou reformasse servidores públicos, nem a garantia da vitaliciedade respeitava. A Constituição de 1946 reafirmou-as, acrescentando mais uma: a da inamovibilidade. De outro lado, a pena de morte, na Carta de 1937, foi admitida na legislação criminal comum, para alguns crimes. A Constituição de 1946, no parágrafo 31 de seu artigo 141, suprimiu a pena de morte, só a admitindo, como exceção, na lei militar e em tempo de guerra com outro país

Entre as garantias individuais, a nova Carta Política criou a do *direito abstrato de ação*. Qualquer lesão a direito individual justificava pedido de proteção ao Poder Judiciário. Devia-se obediência ao princípio da demanda, isto é, o Judiciário não procedia de ofício; deveria ser provocado por quem de direito. A garantia, porém, era mais ampla. Não só assegurava o direito de ajuizar a demanda mas, principalmente, obstava que qualquer lei infraconstitucional pudesse permitir a exclusão de apreciação pelo Poder Judiciário. Tal garantia responde aos direitos de cidadania e, ingressando na Constituição de 1946, passou a fazer parte de todas as Constituições brasileiras que a sucederam.

A vida política brasileira que, periodicamente, estava ameaçada de alguma crise, foi severamente abalada em 1961. Jânio Quadros renuncia à Presidência da República. Os militares tentam impedir a posse do Vice-Presidente João Goulart, com ofensa direta a regras constitucionais. Formou-se uma crise de elevadas proporções. A solução encontrada foi a reforma constitucional, substituindo o presidencialismo pelo parlamentarismo e assumindo Goulart o cargo de Presidente, Chefe de Estado sem poderes de dirigir a administração pública brasileira. O Ato Adicional de 1961, submetido a *referendum* popular em 6 de janeiro de 1963, foi rejeitado. Voltou-se ao presidencialismo chefiado por Goulart. A crise não fora debelada; ficou à espera de outro momento.

1.7. Constituição de 1967/1969

A Revolução de 1964 afastou Goulart da Presidência, destituindo-o do Poder, tomando os militares o comando do País. É editado, então, o Ato Institucional nº 1, de 9 de abril de 1964, que manteve, de um lado, a Constituição de 1946 e, de outro, nela introduziu diversas alterações. Outras modificações normativas ocorreram, posteriormente. A um determinado momento nasce a idéia de se dotar o Brasil com uma nova Constituição e por dois motivos relevantes: a) para substituir a de 1946 que, irreconhecível e retalhada por emendas, estava perdendo sua integralidade; b) o pensamento de deixar para seu sucessor uma Constituição nova e conforme as idéias revolucionárias.

O Congresso Nacional, devidamente convocado para votar um texto constitucional, reuniu-se extraordinariamente, de 12 de dezembro de 1966 a 24 de janeiro de 1967, data em que a Constituição foi promulgada pela Câmara dos Deputados e Senado Federal conjuntamente. Tratava-se de uma Constituição votada, discutida e aprovada pelo Poder Legislativo, obediente a um prévio processo legislativo. Como Constituição, porém, aprovada por um Congresso sem poderes constituintes. Os legisladores, em visível invasão de competência, assumiram a representação da soberania popular, como constituintes, sem terem recebido tal delegação previamente. O que se quer dizer é que se tratava de uma Constituição outorgada, com desrespeito à soberania popular.

Como conteúdo, a Constituição de 1967 não era democrática; tendia ao autoritarismo. Celso Ribeiro Bastos (*op. cit.*, p. 320) acentua: "Foi uma Constituição centralizadora. Trouxe para o âmbito federal uma série de competências que antes pertenciam a Estados e Municípios. Reforçou os poderes do Presidente da República. Na verdade, poderíamos dizer que a despeito de o

Texto Constitucional afirmar a existência de três Poderes, no fundo existia um só, que era o Executivo...". Na inteligente observação feita, a centralização político-administrativa era minimização do princípio federativo, enquanto a existência, na prática, de um só Poder independente, o Executivo, desnaturava de muito a república.

Em 1969, uma Junta Militar, investindo-se de um poder constituinte derivado que nunca teve, resolve outorgar a EC nº 1/69, reeditando a de 1967 com as alterações feitas. Justificou-se, em considerandos, pela medida da reforma constitucional tomada. O raciocínio era o seguinte: o Poder Legislativo podia emendar a Constituição. Estava, porém, em recesso. Decretado o recesso parlamentar, o Executivo poderia legislar sobre as matérias pertinentes ao Legislativo. Daí o direito da Junta Militar de emendar o texto constitucional. Entendemos que, como poder de fato e de força, tudo seria possível. Mas a justificação que se pretendia ser jurídica pecava por vários motivos, entre os quais o principal: Junta Militar não é Poder Executivo, a não ser por usurpação constitucional.

A dita Constituição de 1969 tinha um grave pecado. Não fora votada; simplesmente outorgada. A soberania popular fora estrategicamente *esquecida*, mesmo a resultante da democracia indireta. Dizia em seu artigo 1º, § 1º, retoricamente, que "todo poder emana do povo e em seu nome é exercido". Mas a Constituição, ato de estruturação e organização do Estado, não tinha origem no Poder que representava o povo. Longe de se afastar a possibilidade de se organizar e estruturar um Estado por ato de força, estranho ao direito. O que é difícil se entender é que se buscasse explicar a medida como se apoiada em lógica do ordenamento jurídico.

A Constituição de 1988 resultou do movimento, durante vários anos, das forças políticas progressistas e do povo brasileiro. Nada foi simples; tudo esteve eivado de muita emoção e até contornos dramáticos, como a morte de Tancredo Neves, após eleito Presidente da República sem ter assumido. No que interessa, a Emenda Constitucional nº 26, de 27 de novembro de 1985, convocou Assembléia Nacional Constituinte que, a 5 de outubro de 1988, promulgou a Constituição, que se pretende, nesta coleção, interpretar.

2. *Classificação das Constituições*

2.1. Observações Iniciais

Buscar-se uma classificação de Constituições, com observância de critérios nem sempre científicos, tornou-se um costume no estudo do direito constitucional. Perde-se, porém, a partir de determinado momento, a importância da orientação classificatória, pela quantidade de classificações muitas vezes sem qualquer proveito. Nosso objetivo, neste Capítulo, não é crítico. Compreendendo sua relevância, entregar ao leitor e estudioso, com a maior abrangência possível, as diversas classificações existentes. Certamente, nem todas, mas aquelas que se apresentam como as principais e que abrem espaço a uma melhor compreensão do direito constitucional. Algumas serão examinadas aqui, genericamente, deixando-se outras para itens específicos. Classificar Constituições tem escopo definido e, como conseqüência, relevância jurídico-científica. A utilização de critérios faz com que se extraia dos textos constitucionais certos qualificativos muito importantes, que servem, posteriormente, no estudo do próprio texto constitucional, como dados reveladores de suas normas constitucionais. Esta a importância jamais negada no ato de classificação. É verdade - e isto já foi anotado - que a tentativa de apresentar classificações novas, sem que se observe critério técnico relevante à sua definição, tende a banalizar as classificações. Cabe ao leitor, porém, o juízo crítico a respeito delas e aceitar aquela, ou aquelas, que se afigurem como mais importantes e científicas.

Marcelo Caetano (1977, p. 399) fala em Constituição *material* e *formal*. Da mesma forma, Afonso Arinos de Mello Franco (1958, pp. 59/60). Mais modernamente, Manoel Gonçalves Ferreira Filho (1995, p. 11). Todos têm a mesma forma de diferenciação. Constituição formal é constituição escrita, onde se localizam as mais relevantes regras atinentes ao Direito Constitucional, normalmente à organização do Estado. Constituição material é o conjunto de normas, dispersas ou não, escritas ou costumeiras, que regulam a organização estatal. Neste sentido, Constituição material é o próprio Direito Constitucional.

O ponto diferenciativo anotado pelos três juristas acima não tem univocidade doutrinária. Paulo Bonavides (*Curso de Direito Constitucional*, pp. 63 e 64, Malheiros Editores, 6ª edição, 1996), também falando no conceito material e formal da Constituição, realiza a diferença adotando outro critério: o do conteúdo das normas. A Constituição é material quando todas suas normas são substancialmente constitucionais. É um conjunto de normas jurídicas que podem ser "designadas rigorosamente como matéria *constitucional*" (p. 64). Constituição formal seria aquela que contém em seu texto, além das normas ontologicamente constitucionais, outras que podem ter até a aparência de constitucionais mas, substancialmente, não são. Este tema será melhor desenvolvido no Capítulo das normas jurídicas constitucionais.

Manoel Gonçalves Ferreira Filho (*op. cit.*, pp. 12/13) fala em *constituição-garantia*, *constituição-balanço* e *constituição-dirigente*. A primeira delas é a normal das Constituições brasileiras. Conseqüência do constitucionalismo como teoria. São aqueles textos constitucionais que servem de obstáculo ao exercício arbitrário do Poder, obstaculizando desmandos e garantindo a liberdade dos homens, com seus direitos sociais. O constitucionalismo nasceu com este objetivo, e a constituição que o garante é classificada como constituição-garantia. Outra coisa é a constituição-balanço. A idéia seria a seguinte: as relações do Poder com o povo não são estáticas; obedecem a etapas. A constituição de que se trata, conforme palavras do publicista citado, "faria o *balanço* do novo estágio". Tal Constituição sempre retrataria o momento presente.

Constituição-dirigente é aquela que significaria, como norma, um planejamento para buscar uma evolução sociopolítica. Esta Constituição tem os olhos direcionados ao futuro, se instrumentalizando, para o *iter* evolutivo, nas regras ditas programáticas. José Joaquim Gomes Canotilho (1982, p. 70), depois de se referir *na conformação da sociedade como um problema aberto*, argumenta: "Mais do que apurar uma ontologia do 'ser do Estado' ou do 'ser do mercado' e considerar esses 'seres' como 'pontos' e 'limites' absolutos, importa inseri-los num processo dialético em que o problema da constituição social é um problema de *transformação da realidade* a realizar pelos homens".

2.2. Constituições escritas e não-escritas

A partir de pesquisa e constatação históricas, elabora-se outra classificação de Constituições: escritas e não-escritas. As *escritas*, ou solenes, são as convertida *em papel*, direito positivo, e se traduzem em documento único, uma codificação e sistematização de caráter inicial, onde se localizam as normas que estruturam o Estado, que organizam os poderes constituídos com indicação de suas funções institucionais, exercício e limites, e demais temas que se preenchem de matéria ontologicamente constitucional ou não.O Brasil, em sua história, só conheceu Constituições escritas, desde a primeira, de 1824, até a atual. As Constituições *não-escritas* são aquelas que não se representam em documento único e solene, mas se traduzem, ou se complementam, na jurisprudência, nos costumes e em convenções.

Difícil para os recém-iniciados em direito constitucional terem uma boa compreensão de Constituição costumeira, quando estamos habituados a qualificar uma Constitução como repositório de normas com certa estabilidade e inflexibilidade. Mais difícil se torna quando não temos a prática e a experiência, mesmo em outras áreas de direito, de utilização de usos e costumes. Ao contrário, vivemos uma sociedade apegada, fortemente, à cultura da formalidade, da solenidade e do papel escrito. Com esta visão comportamental, a exigência de documentação escrita faz parte de nossa existência. Em outros países, porém, o costume é forte fonte de direito. Culturalmente, compreende-se a existência de uma Constituição não-escrita, assentada sobre costumes tradicionais e, às vezes, acompanhada de poucas leis constitucionais.

As primeiras Constituições, em visão internacional, foram as costumeiras. A Constituição inglesa, atualmente, é em grande parte costumeira. Há textos constitucionais extravagantes, que não tratam de toda matéria constitucional. O restante é regulamentado pelo costume e pela jurisprudência. No atual Século, foram editadas, na Inglaterra, algumas leis constitucionais importantes: o *Parliament Act*, de 1911 - fixou em cinco anos o mandato da Câmara dos Comuns e restringiu poderes da Câmara dos Lordes - o *Statute of Wesminster*, de 1931 - regulamentou as relações entre o Reino Unido e os domínios ultramarinos sob o império inglês -, o *Ministers of the Crown Act*, de 1937 - fixou vencimentos de Ministros -, os *Regency Acts*, de 1937 e 1953 - regulou a constituição e os poderes de regência, nas hipóteses de menoridade ou impedimento de soberano -, etc. Contudo, afora estes atos escritos, continua o costume a ter eficácia normatizante constitucional.

A classificação das Constituições em escritas e não-escritas lembra outra classificação, cujo critério se assenta na forma de elaboração das normas constitucionais. São as Constituições dogmáticas e históricas. A Constituição *dogmática*, sempre escrita, é elaborada de modo concentrado. Há o processo de sua feitura, que pode demorar mais ou menos tempo. Mas, editada, é um documento único feito num só processo legislativo. A Constituição *histórica*, sempre não-escrita, se forma paulatinamente. Há uma lenta elaboração na passagem dos tempos, porque está vinculada a circunstâncias sociopolíticas que vão se estabilizando pela tradição. Explica-se esta demorada elaboração porque se assenta no costume.

A discussão que, às vezes, é proposta referentemente haver mais efetividade e adequação sucessiva da Constituição costumeira em relação à escrita, vem acompanhada de argumentos fortes. Um deles - e é o que se pretende examinar, porque com cores de científico - é o de que a Constituição não-escrita apresenta um elo, de constante concordância, entre as regras constitucionais e a realidade sociopolítica. Argumenta-se que, inexistindo esta presteza nas Constituições escritas, há o advento de constantes crises institucionais a exigirem reformas, não raras vezes difíceis e demoradas. O costume, operando automática e constantemente, atualizaria, com mais rapidez, a Constituição não-escrita.

Este argumento, todavia, só tem a aparência de forte. Na prática, pelo menos em nossa observação, o resultado poderá ser e é insatisfatório. Lembra-se que o costume não nasce de uma única prática e uso. Elemento fundamental é o uso reiterado e constante. Para que o costume se qualifique como norma jurídica e, notadamente, como norma jurídica constitucional, esta repetição e utilização freqüentes devem se fazer presentes. Vicente Ráo (1991, p. 221) ressalta que "a uniformidade e a constância do uso não se poderiam verificar sem um período razoavelmente longo de exercício, bastante para autorizar a convicção da existência de um preceito normativo estável".

A necessidade de uma quase tradição histórica de determinado costume torna mais demorada a adequação entre a Constituição não-escrita e a realidade social do que, através de reformas, se amoldar uma Constituição escrita a uma nova realidade sociopolítica. Axiologicamente, os novos valores sociais são colhidos pelo legislador, detentor do poder constituinte derivado, que os transformará, obediente ao processo legislativo próprio, em emenda constitucional. Embora os percalços que possam haver, durante o transcurso do projeto de emenda, tudo pertinente ao exercício da democracia em que vivemos, eles não significarão uma dificuldade maior, principalmente em tempo, do que o costume constatado na tradição histórica. Por isso, afirmou-se que o argumento utilizado só tinha a aparência de eficazmente forte. Mas há o problema da crise institucional. Não é dado preocupante, desde a certeza de que, por simples interesse de certos grupos, tais crises são normalmente construídas.

No Brasil, a adoção de Constituição não-escrita seria traumática. A iniciar pela imensidão do território. O confronto entre as culturas, usos e costumes dos diversos Estados Federados seria demonstrativo de que os costumes, face à vastidão territorial de nosso País, não seriam uniformes. Vivemos, assim, uma cultura inadequável à normatização do direito através de usos reiterados. Mesmo antes da Independência, coexistimos com a cultura portuguesa, com seus longos ordenamentos jurídicos escritos. Tudo isto faz parte de nossa tradição. As Ordenações do Reino aqui tiveram vigência e representavam normatização jurídica escrita. Com este passado e tradição, impensável a adoção de um ordenamento jurídico costumeiro. Todo Estado tem sua tradição, e a nossa é esta vinculada ao que se passava em Portugal.

As Constituições escritas, sem importar qual o Estado e sem vinculação à situação brasileira, têm normas preceptivas mais determinadas, por traduzirem expressamente o mandamento ditado pelo Poder Constituinte originário ou derivado. O mesmo ocorre quanto às normas de eficácia sujeita à complementação legal. A impressão, pela experiência de nosso continente, é que a formulação e promulgação de um texto constitucional prova o sentimento cívico do povo, havendo, como ressaltam alguns autores, a renovação simbólica e solene de um novo contrato social. Assim, a maior certeza da norma constitucional escrita leva à tranqüilidade comportamental do povo e dos poderes constituídos, e o sentimento de civismo exteriorizado a cada nova Constituição dá maior qualidade ao Estado.

2.3. Constituições democráticas, cesaristas e usurpatórias

Esta distinção tem base etiológica, considerando a origem do órgão que votou, aprovou e promulgou o texto constitucional. Não é uma classificação que envolva exclusivamente um simples dado de formação. Como se verá em seguimento, em conseqüência desta categorização, a Lei Maior tem, ou não, legitimidade como configurando um Estado de Direito. O critério seguido é quanto à legitimidade, ou não, de quem editou o texto constitucional. Deste modo, é uma classificação que se apóia numa constatação fática, mas que serve à categorização jurídica do Texto Supremo. Uma coisa é a Constituição ter como suporte político e criador a soberania popular. Outra coisa é haver esta participação do povo de modo insatisfatório ou mesmo para satisfazer uma aparência. E a última afastando-se, de seu processo formalizador, qualquer participação popular.

As *Constituições Democráticas* são as que se originam do povo. Como se sabe, no povo é que está localizado o poder constituinte originário, a faculdade de criar, estruturar e organizar o Estado. Elas são democráticas porque atendem ao regramento político e jurídico de que, na formação do ente estatal, é ao povo que cabe definir como estruturá-lo, organizando os poderes constituídos, determinando-lhes as funções típicas e atípicas, etc. Não há invasão na área da legitimação. Legitimado para votar e aprovar a Constituição é aquele que detém o poder constituinte de 1º grau, que é o povo. Este axioma, que entendemos como incontestável, apareceu em substituição a teorias que reconheciam o poder constituinte nascido do jusnaturalismo e detido pelos monarcas da época, em representação a Deus. As demais Constituições, que não se apóiem na soberania popular, não são democráticas.

Democracia representativa, ou indireta, satisfaz o axioma. Houve tempo em que se exercitava democracia direta, *todos* do povo discutindo projetos de leis, aprovando-os ou não. Contudo, a partir do momento em que o número de integrantes do povo chegou a quantitativos que afastam a possibilidade de reunião de todos num mesmo local, na mesma praça, numa enorme assembléia, apareceu o que se denomina de democracia indireta. O povo, através do sufrágio universal, indica seus representantes que, por mandato, passam a exercer o poder constituinte originário. O texto constitucional que votarem e aprovarem é, por força de haver qualificação de órgão, ou assembléia, constituinte, votação e aprovação pela soberania popular. Em outras palavras, Constituição assim elaborada passa a se denominar de democrática.

As Constituições Democráticas, por isso, são legitimadas e legítimas. Há um elo entre o fato de todo poder emanar do povo e a elaboração da Lei Suprema se dar por este mesmo poder, através de seus representantes em Assembléia Constituinte. De todas as Constituições brasileiras, nas de 1824, 1937, 1967 e 1969 o povo não teve qualquer participação, mesmo através de representantes eleitos como constituintes. Afora a Carta de 1967, que foi votada pelo Congresso Nacional, por representantes *sem* poderes de constituintes originários, nas demais (1824, 1937 e 1969), o povo não teve condições de participar, porque quem detinha o Poder Executivo, mesmo que faticamente, foi quem editou o texto constitucional. Assim, as Constituições de 1891, 1934, 1946 e 1988 se categorizam como Constituições Democráticas.

Nas *Constituições Cesaristas*, haverá uma pequena participação do povo, mas insuficiente. A Constituição é projetada por quem não detém poder constituinte, normalmente um ditador, que a submete, posteriormente, ao referendo popular. É de se notar que a participação popular é insatisfatória. Ao povo, poder constituinte, cabe projetar, discutir, emendar, etc. uma Constituição. Nenhuma outra autoridade pode transformar a soberania popular no prosaico direito de responder *sim* ou *não*. Pronunciar-se o povo com esta dimensão não equivale ao exercício do poder constituinte. Ademais, a aprovação globalizada de um texto, sem possibilidade de discussão, sem que haja destaque de normas mais polêmicas, não configura e jamais configuraria exercício de soberania popular.

O mundo moderno conhece constituições cesaristas. Na época de Pinochet, no Chile, assim se promulgou uma Constituição. O texto constitucional cubano, de 24 de fevereiro de 1976 e ainda em vigor, se categoriza como Constituição Cesarista. Lê-se no Preâmbulo do Texto Maior cubano que "nosotros, ciudadanos cubanos... adoptamos por nuestro voto libre, mediante referendo, la seguiente Constitución...". Na Constituição de Suriname, de 1987, também se lê, no seu Preâmbulo, a seguinte declaração do povo surinamês: "Declaramos solenemente, como resultado da consulta popular, aceitar a seguinte Constituição". Deste modo, na atualidade, embora só excepcionalmente, existem Constituições Cesaristas. Nós, no Brasil, não tivemos texto constitucional cesarista, não obstante um deles tenha expressado esta intenção.

A Constituição de 1937 foi editada com dispositivo que a qualificaria de cesarista. Houve expressa previsão de que, em data a ser marcada pelo Presidente da República, seria submetida a plebiscito popular. Com efeito, no Preâmbulo, Vargas declara ter decretado a Constituição, lendo-se, em seu artigo 187, que "esta Constituição entrará em vigor na sua data e será submetida a plebiscito nacional na forma regulada em decreto do Presidente da República". Todavia, a data da consulta plebiscitária jamais foi marcada, abortando a idéia que ela fosse cesarista. Vargas, assim, violou a soberania popular, em sucessão, por duas vezes.

As Constituições que se editam sem a menor ou maior participação da soberania popular são denominadas pela doutrina como Constituições outorgadas. O povo não participa nem direta nem indiretamente, através de representantes eleitos para tal fim. Identicamente, o povo não é ouvido nem por referendo, plebiscito ou qualquer outra forma de consulta popular. A denominação de Constituição outorgada não está equivocada, porque o povo, em vez de elaborar e editar o texto constitucional, o recebe redigido por quem não tem legitimidade para tanto. Ser *outorgada*, portanto, traduz esta idéia de maneira elegante. Não concordamos, porém, com a denominação, porque, onde há tal vício contra a soberania do povo, a maior infração sociopolítica que alguém pode cometer, a expressão identicadora deve ser mais crua.

Adotamos, por isso, para que fique acentuada a invasão da competência que era do povo, a denominação de *constituições usurpatórias*. O que deve ser perenizado, sem subterfúgios ou sutilidades, é o fato da usurpação. Seja um monarca, seja um ditador, seja só quem detenha o poder da força advindo de revolução, a Constituição que redigirem é com indiscutível invasão de competência, com usurpação de Poder de outrem. Este é o dado que se prioriza e que ocorreu no Brasil por quatro vezes. Em 1824, por intromissão de Dom Pedro I; em 1937, por ato ditatorial de Vargas; em 1967, por um Congresso sem poderes constituintes; e, em 1969, a Constituição proclamada por uma Junta Militar.

2.4. Constituições simplesmente orgânicas e abrangentes

O objetivo básico de uma Constituição é formar um Estado ou um Estado novo. Organiza-se-o e se o estrutura, criando órgãos que vão deter os poderes estatais. Por necessidade e para que se viabilize sua existência, definem-se as funções referentes a cada um dos Poderes, distribuindo-se a competência entre os órgãos criados. Concedem-se condições de sobrevivência com soberania e existência com independência no concerto dos demais Estados, também independentes e soberanos. Este objetivo tem a natureza organizacional. É o conteúdo que toda Constituição deve ter e, quando se limita a ter exclusivamente este objetivo, estamos, numa compreensão inicial, diante de uma *Constituição simplesmente Orgânica*. Ressalta-se, desde logo, que as Constituições modernas não são, como regra geral, exclusivamente orgânicas.

Nenhuma das Constituições brasileiras foi simplesmente orgânica. Todas incluíram no texto constitucional, além dos temas pertinentes à organização do ente estatal, outros assuntos que não tinham objetivo organizacional. Na verdade, seria difícil hoje, olhando-se o direito comparado, exemplificar-se com uma Constituição de qualquer país que se limitasse, em seu contexto, às regras da organicidade. O exemplo trazido pelos autores é sempre o mesmo e retroage ao Século XVII, mesmo porque as primeiras Constituições sempre se limitaram à organização do Estado. A Constituição da Inglaterra de 1633 continha somente 42 artigos e nem se chamava de Constituição. Era o *Instrument of Government* e se caracterizava como orgânico.

Modernamente, as Constituições se adiantaram em suas temáticas. Servem-se para organizar a entidade estatal e, por isso, não deixam de legislar sobre organização do Estado, mas aumentam a normatividade do texto constitucional. No Brasil, tal ocorreu pela influência que nossos constituintes sofreram dos constitucionalismos francês, norte-americano e alemão, sucessivamente. É de se enfatizar que a Revolução Francesa tratou, com grande efetividade, dos direitos do homem - no seu início, pensando somente no sexo masculino e não, genericamente, no ser humano. A Constituição dos Estados Unidos, na área dos direitos e garantias individuais, teve saudável repercussão no Brasil. A Constituição alemã de Weimar, já neste Século, fez ingressar, no texto constitucional, os denominados direitos sociais. Com toda esta influência, reafirma-se que as Constituições brasileiras não foram simplesmente orgânicas.

Na Constituição de 1824, parte do conteúdo do texto constitucional era matéria correspondente "aos direitos políticos e individuais dos cidadãos"(art. 178). Havia, inclusive, o artigo 179 que, em seus 35 incisos, apresentava um rol de direitos e garantias individuais dos brasileiros. É visível influência das idéias francesas que, por sua vez, na área da declaração dos direitos do homem e do cidadão, sofreu influência norte-americana. A Constituição brasileira de 1891, que lhe seguiu e é nosso primeiro texto constitucional republicano, possuía, identicamente, uma Seção destinada à declaração de direitos de brasileiros e estrangeiros aqui residentes. Em 31 parágrafos, arrolavam-se direitos e garantias individuais, a se iniciar com o princípio da isonomia, ou de igualdade, de todos perante a lei, e outras liberdades públicas, garantias tributárias, etc.

A Constituição de 1934 tornou mais abrangente a temática dos textos constitucionais. Passou a incluir, na Lei Maior, direitos sociais e econômicos (art. 121, §§ 1º a 8º). Neste ponto, também sofreu influência de outros textos. Entenda-se. No início do Século XX, foram editadas duas Constituições: a mexicana e a de Weimar, na Alemanha. Ambas se notabilizaram em alargar a temática constitucional. Operou-se uma migração. Os direitos sociais e as questões referentes à ordem econômica, inclusive a privada, ingressaram nos textos constitucionais. O tema constitucional se ampliou para, socioeconomicamente, dispor a respeito em alguns artigos. No Brasil, depois da Constituição de 1934, todas as Constituições passaram a tratar desta temática ampliada, inclusive alargando-a para outros temas.

Assim, *Constituição abrangente* é a que tem, como conteúdo e objeto, as regras organizacionais do Estado, que toda Constituição deve ter sob pena de Constituição não ser, e, complementarmente, aqueles temas que a passagem do tempo essencializou para serem normatizados nas Cartas Políticas promulgadas. É uma nova visão conteudística dos textos constitucionais. E, ao que pensamos, esta nova visão estará provocando, no futuro, novas ampliações, constantemente. A Constituição de 1988, por exemplo, ampliou seu objeto normativo, inclusive e pela vez primeira em texto constitucional, tratando de questões ambientais.

2.5. Constituições rígidas, semi-rígidas e flexíveis

Toda e qualquer norma jurídica subconstitucional é suscetível, em tese, de ser reformada, bastando a obediência ao processo legislativo pertinente previsto constitucionalmente. A mesma idéia existe relativamente às normas jurídicas constitucionais, observada exceção a ser explicitada posteriormente. A reforma das últimas normas, as constitucionais, se dá através de emendas constitucionais. A classificação agora examinada se prende a aspectos referentes à sua reforma, mais propriamente ao processo legislativo a obedecer para operar a alteração da normatividade constitucional. Tomando-se como paradigma as exigências do processo legislativo quanto à alteração das normas jurídicas infraconstitucionais, é que se partiu para a classificação das Constituições em flexíveis, semi-rígidas e rígidas. Nas Constituições modernas, prioriza-se a rigidez de suas normas. Há possibilidade de reforma, mas o processo legislativo é mais exigente e qualificado. A flexibilização aparece em menor número. A semi-rigidez, que nem consta da classificação dada pela maioria dos doutrinadores, é excepcionalíssima.

As Constituições, cuja normas jurídicas são reformadas cumprindo-se o mesmo processo legislativo pertinente à alteração das normas ordinárias, são *flexíveis*. A flexibilização nasce, ao que se supõe, da circunstância de não se ter, como qualidade necessária, a maior estabilidade e segurança temporal das normas constitucionais em relação às infraconstitucionais. Por isso e como conseqüência, o mesmo processo legislativo da reforma. A Constituição de 1937 foi, na prática, uma Constituição flexível, diante das circunstâncias específicas de haver um ditador, e o Poder Legislativo não estar funcionando. Vargas é que atendia a um processo simples, a sua própria vontade, para reformar a legislação ordinária.

Identicamente, tinha a mesma facilidade na hipótese de reforma constitucional.

A flexibilidade pode ser considerada como exceção. Aceita-se que as normas constitucionais têm como conteúdo valores sociopolíticos que devem vir acompanhados de uma maior estabilidade normativa. É um princípio dogmático. A dificuldade na reforma atende a esta circunstância. Por isso, os exemplos de Constituição flexível são, quantitativamente, poucos. No Brasil - e, assim mesmo, em conseqüência do governo ditatorial, que acumulava as funções legislativas -, o único exemplo que temos de texto constitucional flexível é o da Carta estadonovista. No plano internacional, examinadas Constituições de outros países, flexível é a Constituição da Inglaterra, porque alterável pelo Parlamento com a mesma facilidade da reforma de lei ordinária.

Entendemos que a flexibilidade da Constituição é incompatível com a compreensão de que o texto constitucional é o início e o parâmetro do ordenamento jurídico do País e com a aceitação do princípio de hierarquia das leis, colocada a Constituição no ápice. Por ser início, por ter função paramétrica e por ser lei hierarquicamente superior, não pode ter o tratamento igual no ato de reforma, banalizando-se como uma lei infraconstitucional. A flexibilização destrói toda uma teoria constitucional, com tradição histórica, que dá à norma constitucional eficácia normatizante superior. Se o processo legislativo de reforma é o mesmo para as leis infraconstitucionais, o princípio da hierarquização legal começa a derruir.

As Constituições que, para a reforma de suas normas, adotam processos legislativos mais qualificados e difíceis do que aqueles para alteração das leis subconstitucionais, são *rígidas*. A grande maioria das Constituições brasileiras foi rígida, assim como é a de 1988. Esta maior dificuldade de emendar é definida no próprio texto constitucional e pode variar, Constituição por Constituição. As mesmas dificuldades encontradas em um texto constitucional não são, necessariamente, as de outro. A norma constitucional expressa em vigor é que vai dimensionar a dificuldade. No Capítulo das *Normas Jurídicas Constitucionais*, mais adiante, voltaremos ao tema no item *reformabilidade*.

A rigidez, inclusive, pode chegar, em algumas situações, à própria irreformabilidade de alguns artigos. Todas as Constituições republicanas brasileiras tiveram partes intocáveis, imutáveis até por emendas constitucionais. São as denominadas *cláusulas pétreas*, aquelas que se perenizam, insuscetíveis de alteração pelo poder constituinte derivado, o de 2º grau. Cláusulas pétreas são aquelas normas que o povo, através dos representantes constituintes, criou e negou autorização para que o poder constituinte de 2º grau pretendesse rediscuti-las, reformando-as. Daí nosso entendimento de que só tem legitimidade para instituir cláusulas pétreas a Assembléia Constituinte, o que não significa haver taxatividade constitucional a respeito (arts. 5º, § 2º, e 60, § 4º, da CF de 1988).

Na Constituição de 1891, foram cláusulas pétreas a forma republicana-federativa e a igualdade de representação dos Estados no Senado (art. 90, § 4º). Na Carta de 1934, eram, exemplificadamente, cláusulas pétreas a estrutura política do Estado, a organização ou competência dos poderes da soberania, os direitos políticos e individuais com suas garantias, etc. (art. 178). Na Constituição de 1946, havia inadmissibilidade de reformas "tendentes a abolir a Federação ou a República" (art. 217, § 6º). Identicamente, era o que acontecia na Constituição de 1967 (art. 50, § 2º) e na de 1969 (art. 47, § 1º). Na Constituição de 1988, as cláusulas pétreas foram ampliadas: forma federativa do Estado; voto direto, secreto, universal e periódico; separação dos poderes; e direitos e garantias individuais (art. 60, § 4º).

Das diversas Constituições que tivemos oportunidade de examinar e pertencentes à nossa biblioteca pessoal, *todas*, sem nenhuma exceção, são Constituições rígidas, porque exigem processo qualificado para exame e aprovação de emenda, ou revisão, constitucional. Ora exigindo *quorum* de presença e de aprovação mais qualificados, ora exigindo mais de um turno de aprovação, ora impondo a ratificação das emendas através de consulta popular, seja plebiscito seja referendo. Assim, como rígidos, se afiguram os textos constitucionais de Nicarágua, Noruega, Itália, Cuba, Dinamarca, Finlândia, Áustria, Iugoslávia, Cabo Verde, São Tomé e Príncipe, Angola, Moçambique, Costa Rica, Coréia, Filipinas e Suriname.

Contudo, só numa destas Constituições é que há previsão de cláusula pétrea, porque, nas demais, a reforma é admissível, qualquer que seja o tema constitucional. Na Itália, porém, há o artigo 139: "A forma republicana não pode ser objeto da revisão constitucional". Esta constatação permite concluir que a instituição de cláusulas pétreas para, em certos temas constitucionais, haver normatividade perene e absoluta, enquanto vigir o texto constitucional, não se assenta num consenso no direito comparado.

Por fim, aquelas Constituições em que algumas normas podem ser alteradas cumprindo o processo legislativo pertinente das leis ordinárias - haveria flexibilização - e outras só satisfazendo exigências mais complicadas do processo legislativo - haveria rigidez -, são Constituições *semi-rígidas*. Entendemos, por isso, que tais Constituições preenchem categoria específica de classificação. No Brasil, houve uma Constituição adequável à configuração de semi-rigidez. Foi a Constituição do Império de 1824, face à regra de seu artigo 178: "é só constitucional o que diz respeito aos limites e atribuições respectivos dos poderes políticos, e aos direitos políticos e individuais dos cidadãos; tudo o que não é constitucional pode ser alterado, sem as formalidades referidas, pelas legislaturas ordinárias".

2.6. Constituições codificadas e extravagantes

As Constituições *codificadas* são textos constitucionais formalmente unos. Como se sabe, codificar-se é integrar diversas normatividades num mesmo diploma legal. Necessariamente são Constituições escritas, em que todas as normas e princípios constitucionais estão englobados num único texto. Retratam-se pela circunstância de haver unidade documental. Esta unidade textual se faz presente em diversas Constituições brasileiras: as de 1824, 1891, 1934, 1946 e 1988. Um único repositório para todas as normas constitucionais. Esta unidade física não significa que a Constituição tenha sido feita no mesmo instante ou que tenham ocorrido algumas reformas ou emendas constitucionais.

As Constituições codificadas, embora formalmente unas, admitem reformas, na modalidade de emendas, sem que, só por isso, percam a unidade. A garantia é que as emendas constitucionais passam a fazer, formalmente, parte integrante do texto constitucional, nele se inserindo, como se, desde o início, fosse um único documento. A qualquer momento que se a examine, todas as emendas já se incluíram no texto, porque ou será substituição de norma, ou acréscimo ou alteração de redação sem modificar a seqüência numérica dos artigos ou, modificando, já corrigida. Contudo, se a emenda constitucional não se inserir do texto da Constituição, passando a ter existência lateral, há perda da unidade codificante.

O ordenamento jurídico de um país, entretanto, não se esgota, ou se resume, no texto constitucional. Há, por exemplo, normas constitucionais normativamente insuficientes que dependem, para sua aplicabilidade, de serem complementadas por leis infraconstitucionais. A Constituição de 1988 está, em diversos momentos, dependente de leis complementares já editadas ou que virão a ser editadas. As leis subconstitucionais que preenchem o texto constitucional e as leis complementares que, à Constituição, aderem, são diplomas autônomos, não se integrando no texto constitucional, ausente o resultado formal unitário. Este fato não impede que se tenha a Constituição por codificada, mesmo porque nem a lei complementar nem outra lei infraconstitucional são normas constitucionais.

As Constituições *extravagantes*, ao contrário, por serem formalmente plurais, afastam-se da codificação. São diversos diplomas constitucionais, fisicamente separados, mas todos em vigor. É Constituição também necessariamente escrita, que se forma de duas ou mais leis constitucionais, autônomas entre si, mas significando, no conjunto, a normatividade constitucional. É a unidade normativa que nasce da pluralidade de textos. Há, na verdade, uma normatividade constitucional esparsa, que lembra uma fragmentação. No direito comparado, há exemplos de Constituição desta categoria.

A Constituição da Dinamarca se compõe do texto constitucional propriamente dito e da Lei de Sucessão ao Trono. A Constituição da Finlândia é composta de sua Lei Constitucional e da Lei Orgânica do Parlamento. A Constituição de Angola é a Lei Constitucional acrescida, em diploma separado, da Lei de Nacionalidade. O exemplo mais presente de pluralização de normatividades constitucionais é o da Áustria. Há a Constituição Federal de 1920, com diversas emendas constitucionais, a última delas de 1984, já integradas em seu texto. Além do diploma constitucional, há diversas leis constitucionais em vigor, em número de oito.

O Brasil teve, a nosso sentir, três Constituições extravagantes. A Constituição de 1937 nasceu formalmente una, codificada. O artigo 174 admitia ser a Constituição emendada, modificada ou reformada, indicando o processo legislativo pertinente. As reformas constitucionais operadas, embora a ilegitimidade de quem as editou - pelo fato de o Parlamento Nacional estar fechado, toda a matéria de competência legislativa era de Vargas (art. 180) -, em tese, não alterariam a unidade textual. No entanto, a forma adotada, através de expedição de leis constitucionais, que vigiam *a latere* do texto constitucional, deu à Carta estadonovista a qualificação de Constituição extravagante.

Utilizando-se do artigo 180 da Constituição, Vargas editou leis constitucionais, emendando a Carta de 1937. Tais leis tinham corpo próprio e não se integravam no texto da Carta. Coexistiam com esta, mas lateralmente. Depois de Vargas, o governo Linhares editou mais 11 Leis Constitucionais. Com esta compreensão, pelo menos na prática, a Constituição de 1937 era extravagante.

As Constituições de 1967 e 1969, esta resultante da EC nº 1/69, também nasceram unas. A EC nº 1/69 publicou, num só texto, a Constituição emendada. Entretanto, não há como se concluir que se qualificavam, durante a vigência de cada uma delas, como inseridas em texto único. A Revolução de 1964, através de seus dirigentes, editou diversos Atos Institucionais que, na compreensão jurídica da época, triste e ajurídica, tinham a eficácia superior à própria normatividade constitucional, reformando-a inclusive. O Ato Institucional nº 5, de 13 de janeiro de 1968, foi o que mais se destacou pelo arbítrio e pela desconformidade constitucional. Só o direito da força é que explica este momento de angústia jurídica.

Os Atos Institucionais tinham existência autônoma da Constituição e nela não se integravam, formalmente. Inclusive, no confronto com os textos constitucionais, os reformavam onde houvesse incompatibilidade normativa. Esta superior eficácia a própria Constituição de 1969 reconheceu, em seu artigo 182, ao dizer que "continuam em vigor o Ato Institucional nº 5, de 13 de dezembro de 1968, e os demais Atos posteriores baixados". A normatividade constitucional se compunha do texto constitucional propriamente dito e dos Atos Institucionais, que eram documentos autônomos. A eficácia de tais Atos, que afastavam a Constituição do ápice para efeito da hierarquização das leis, só desapareceu com o artigo 3º da Emenda Constitucional nº 11/78, que ditava estarem "revogados os Atos Institucionais e Complementares, *no que contrariarem* a Constituição Federal" (os grifos são nossos). O texto é por demais esclarecedor.

Diante de todos estes fatos, as Constituições de 1967 e de 1969 não podem ser consideradas formalmente unas, ou codificadas. Impossível, a um determinado momento, compreender-se normativamente a Constituição de 1967 sem o exame acurado dos Atos Institucionais editados durante sua vigência. O mesmo aconteceu com a Constituição de 1969. Detectada, em cada uma das Constituições, que a normatividade constitucional se localizava no denominado texto constitucional e nos Atos Institucionais, separados documentalmente, a conclusão indubitável a que se chega é que as duas Constituições, assim como a de 1937, foram extravagantes.

3. *Normas jurídicas constitucionais*

3.1. Identificação

Prioriza-se, diante de outros temas que podem envolver o estudo das normas jurídicas constitucionais, a sua necessária identificação. Como se as identificar num universo de normas jurídicas? Um dos métodos utilizáveis seria pesquisar a natureza ontológica de uma norma jurídica. Ela seria constitucional pelo fato de ter a natureza conteudística de constitucional. O elemento topográfico, concernente à sua localização, seria secundário. O conteúdo passaria a ser o sinal identificador. A Constituição busca estruturar o Estado, organizando-o com seus necessários órgãos diretivos e suas competências. A norma jurídica que tivesse um desses temas, sem importar sua localização, costumeiramente num texto constitucional, se categorizaria como norma jurídica constitucional.

Norma jurídica constitucional seria aquela que substancialmente se apresentasse como constitucional. Nesta compreensão, há um dado de excludência. A norma jurídica, mesmo integrante de uma Constituição, que tivesse como tema objeto diverso daquele próprio à estruturação do Estado, não seria constitucional. O fator topográfico, localização no texto constitucional, aspecto de natureza formal, desimportaria à identificação da norma jurídica constitucional. O conceito de norma jurídica constitucional seria restrito. Só se a identificaria a partir do momento em que seu conteúdo se adequasse àquelas matérias previamente eleitas como constitucionais, logicamente pelo próprio Constituinte. Daí, a conclusão seria de que a Constituição se comporia de normas constitucionais e não-constitucionais.

Este entendimento restrito de norma jurídica constitucional não tem apoio somente em parte de doutrinadores, como Ferdinand Lassale (*apud* Celso Ribeiro Bastos, 1988, p. 276). A Constituição brasileira do Império, de 1824, regrou expressamente, no artigo 178: "Só é constitucional o que diz respeito aos limites e atribuições respectivas dos poderes políticos, e aos direitos políticos e individuais, dos cidadãos; tudo que não é constitucional pode ser alterado, sem as formalidades referidas, pelas legislaturas ordinárias". A regra ora citada não deixa a menor dúvida de ter adotado o conceito que exige, para haver norma constitucional, exista objeto, ou conteúdo, ontologicamente constitucional.

Há outro conceito de norma jurídica constitucional, que se demonstra, além de mais extensivo, de simples identificação. Norma constitucional é aquela produzida com obediência a processo legislativo consideravelmente dificultado, ou porque exige uma Assembléia Constituinte, com poder constituinte originário, ou porque são impostos à sua aprovação requisitos de *quorum* qualificado ou de mais de uma aprovação pelo Poder Legislativo, etc. Há facilidade de identificação porque a norma jurídica é constitucional pelo simples fato de sua localização. Tudo que estiver no texto constitucional, ou em emenda constitucional, constitucional é.

Nesta Constituição, não cabe à doutrina, após promulgada a Constituição, a pretensão de definir o que seja matéria constitucional. Antes, pode simplesmente alertar. Ao intérprete, não se atribui qualquer função referente à identificação do tema substancialmente constitucional. A qualificação da matéria se dá no período de pré-constitucionalização. O Constituinte, ao apresentar projetos, emendas, etc., votando-os favoravelmente, está, de modo implícito, determinando o que é constitucional. Da mesma forma, no processo de emendas constitucionais. A simples aprovação, que exigiu processo legislativo qualificado, teve como repercussão o encher a norma de qualificação constitucional.

Na Constituição brasileira de 1988, a norma jurídica se qualifica como constitucional pelo fato de ser substancialmente constitucional, em conceito restrito, ou basta integrar o texto da Lei Maior para ser constitucional, na compreensão ampliada? Enfatiza-se de logo, para exame mais completo da indagação, que a Carta Política vigente não tem artigo com conteúdo idêntico, ou assemelhado, ao do artigo 178 da Constituição de 1824. Ressalta-se, entretanto, que a omissão não tem qualquer relevância para resposta à indagação; somente se existisse é que firmada restaria a conceituação restrita, de natureza ontológica.

O exame do processo legislativo quanto às emendas da Constituição é esclarecedor. Há obediência a processo com requisitos mais dificultados. Assim, o *quorum* de aprovação é de três quintos dos membros de cada Casa do Congresso Nacional. A proposta de reforma deverá ser discutida e aprovada em dois turnos. Ora, se emenda constitucional tem por objeto qualquer artigo da Constituição, pelo menos em tese, jamais alterável por lei infraconstitucional, o conceito de norma constitucional é o ampliado, identificando-se a norma constitucional por fazer parte do texto da Lei Maior.

Há outra constatação complementar. Algumas matérias estão fora da reformabilidade constitucional. Não porque possam ser alteradas por lei infraconstitucional; sim porque são inalteráveis a não ser por nova Constituição. São as denominadas *cláusulas pétreas*, referidas no § 4º do artigo 60 da CF, cuja natureza constitucional jamais foi posta em dúvida e são petrificadamente constitucionais. Quaisquer outros temas já constantes da Constituição podem ser objeto de deliberação na forma de emenda constitucional. Deste modo, por mais este argumento, a norma constitucional, no ordenamento jurídico brasileiro, é identificada por estar localizada no texto da Constituição.

3.2. Classificações

As normas constitucionais podem se classificar, agrupando-se-as na medida em que certas características as assemelhem e, as separando, quando suas características se diferenciam. Sob este aspecto, várias são as classificações apresentadas pelos doutrinadores. Anote-se, porém, que nem todas as classificações obedecem a requisitos técnicos que qualifiquem a classificação como tendo relevância científica. Temos para nós que o importante de determinada classificação é quando as diferenças anotadas vão se refletir na aplicabilidade, incidência e demais efeitos das normas categorizadas. Isto porque só se explica uma classificação que possua utilidade, que se desenvolva com base numa finalidade revestida de técnica.

Há uma classificação concernente em serem as normas constitucionais *preceptivas* ou *programáticas*. As preceptivas têm conteúdo normativo específico e, como conseqüência, aplicáveis de imediato, produzindo seus efeitos desde logo. As programáticas são normas-fim, normas-tarefa, que não têm aplicação integral de imediato. A classificação observa um critério de utilidade. Ao se deparar com uma norma programática, sabe-se que ela não se aplica imediatamente, conforme melhor se explicitará mais adiante. Ao contrário, identificada a norma preceptiva, pode-se pensar, em tese, na aplicação desde logo de seu conteúdo normativo à hipótese versada.

A divisão das normas em preceptivas e programáticas é da teoria clássica, com apoio em autores norte-americanos. Anota Paulo Bonavides (*op. cit.*, p. 213) que "a doutrina constitucionalista italiana não se arreda a esse respeito, salvo na nomenclatura, da divisão clássica de inspiração americana, que distinguia as provisões constitucionais em cláusulas diretivas e cláusulas mandatórias. Mas não se pode deixar de reconhecer que procedem da Itália, nestes últimos trinta anos, os estudos mais completos e profundos tocantes à determinação da natureza e eficácia das normas constitucionais".

Na vigência da Constituição de 1946, estava em voga outra classificação. Existiam as normas constitucionais *auto-aplicáveis* e as *não-auto-aplicáveis*. Era a introdução no ordenamento jurídico brasileiro, de uma classificação originada do direito constitucional americano: normas jurídicas *self executing* e normas jurídicas *not self executing*. A compreensão das normas constitucionais auto-aplicáveis nascia do óbvio. A aplicação era imediata, aplicava-se por si própria sem auxílio de qualquer outra, pois a norma tinha eficácia completa. As normas não-auto-aplicáveis, ao contrário, dependiam de outras para sua aplicação. Esta classificação, entretanto, era insuficiente porque as não-auto-aplicáveis estavam a exigir uma subclassificação. O mesmo ocorria com a classificação clássica, relativamente às preceptivas.

Luis Roberto Barroso (1993, p. 88) apresenta uma proposta de classificação de normas jurídicas constitucionais, a que qualifica como "necessariamente experimental", visto que, embora toda categorização seja essencial ao pensar e falar jurídicos, não há absoluta certeza de que o que se pensa em termos de classificação seja indiscutivelmente correto. Sua proposição classificatória é tríplice: a) normas constitucionais de organização; b) normas constitucionais definidoras de direito; c) normas constitucionais programáticas. O exigível, a partir de agora, é preencher de conteúdo cada uma delas para a compreensão da divisão ofertada.

As Constituições sempre serviram e, às vezes, *exclusivamente*, para organizar o Estado. O texto constitucional, durante muito tempo, significava um repositório de normas orgânicas. Instituía os poderes do Estado, suas atribuições institucionais, os limites de cada poder, a competência, etc. Este conjunto de normas tinha a finalidade de estruturar o Estado. Modernamente, ainda existem por necessárias à formação do ente estatal e o exercício dos poderes. Só que ao lado delas existem outras sem esta pretensão organizativa. As normas estruturadoras do Estado, criando poderes, funções, competência, titularidade de poderes, etc., são as classificadas como *normas constitucionais de organização*.

Com a Revolução Francesa do Século XVIII, os direitos fundamentais do homem, as chamadas liberdades públicas, ingressaram nos textos constitucionais, sem exclusão das normas organizativas. Desaparecia a exclusividade temática da Constituição. Já no Século XX, por força da Constituição de Weimar, os direitos sociais passaram à categoria de matéria constitucional, migrando para os textos da Constituição. Tais normas - liberdades públicas e direitos sociais - não tinham a finalidade de organizar o Estado, como não têm, identicamente, os chamados direitos políticos. Estas normas não-organizantes são denominadas de *normas constitucionais definidoras de direito*.

Existem, outrossim, normas jurídicas no texto constitucional que não objetivam nem estruturam o Estado nem definem direitos aos do povo. São as direcionadas às autoridades públicas, inclusive aos legisladores, objetivando a execução de programas futuros, que importam em concessão de direitos também futuros. São as denominadas *normas constitucionais programáticas*. Esta matéria, conforme já referido anteriormente, será examinada mais adiante, no item específico. Chama-se a atenção, todavia, que, embora se tratem de normas de aplicação não-imediata, têm certos efeitos desde logo.

José Afonso da Silva (1968, p. 76), após concluir que "não há norma constitucional alguma destituída de eficácia. Todas elas irradiam efeitos jurídicos, importando sempre numa inovação da ordem jurídica preexistente à entrada em vigor da constituição a que aderem, e na ordenação da nova ordem instaurada" (p. 75) - sustenta que as normas jurídicas constitucionais obedecem à classificação de três categorias: a) normas constitucionais de eficácia plena; b) normas constitucionais de eficácia contida; c) normas constitucionais de eficácia limitada ou reduzida. Vejamos as diferenças entre elas.

As *normas constitucionais de eficácia plena* são as anteriormente denominadas de auto-aplicáveis. Aplicam-se em sua integralidade, de imediato à vigência da Carta Política, porque são normas cujo conteúdo está adequadamente preenchido e esclarecido. É uma norma cheia, sem vazios normativos. Não há necessidade de qualquer complementação, porque todas as condições já se encontram integradas na norma. Toda vez que, lendo uma norma constitucional, são extraídos de sua leitura e interpretação todos os dados necessários à sua aplicação, ela é de eficácia plena. As conseqüências são devidamente claras: vigência e eficácia imediata da norma, imperatividade do preceito e configuração conseqüente do direito público subjetivo ao destinatário.

As *normas constitucionais de eficácia contida* são aplicáveis desde logo, em sua integralidade. Contêm todos os elementos necessários à aplicabilidade do preceito. Diferentes são das normas de eficácia plena porque pode sua extensão normativa ser limitada por legislação infraconstitucional. Nenhuma ofensa haverá à hierarquia das leis, porque é o próprio texto constitucional que dispõe sobre a possibilidade de redução por lei ordinária, o que não acontece com as normas de eficácia plena. São, assim, normas constitucionais que se demonstram como de eficácia plena, podendo se reduzir sua normatividade por norma subconstitucional.

As *normas constitucionais de eficácia limitada*, na classificação tríplice de seu autor, subdividem-se em normas constitucionais de princípio institutivo e em normas constitucionais de princípio programático. Ambas são não-aplicáveis, isto é, de aplicabilidade mediata e indireta, porque dependem de ser complementadas por legislação ordinária. As de *princípio institutivo* equivalem às que se podem denominar de normas constitucionais *em branco*, porque de conteúdo insuficiente, não contendo todos os dados necessários à sua aplicação. A lei ordinária preenche o vazio, a partir de quando a norma constitucional terá integral aplicabilidade. As de *princípio programático* são as já referidas como normas-tarefa, normas programáticas.

Michel Temer (1993, p. 25), tratando da aplicabilidade e eficácia da norma constitucional, diz que "nesse tema José Afonso da Silva presta inegável contribuição doutrinária ao sustentar aquela eficácia, descrevendo os seus graus". Concorda, inclusive, com a classificação do ilustre publicista, só propondo uma alteração de nome, e não de conteúdo. Assim, ao que o Mestre paulista denomina de normas constitucionais de eficácia contida, Michel Temer propõe se nomine de normas constitucionais de eficácia redutível ou restringível. Quanto à classificação tríplice, às características de cada uma das três categorias e à denominação das demais, apõe sua concordância.

Maria Helena Diniz (1992, p. 98) propõe outra classificação, aumentando as categorias para quatro. Duas delas envolvendo exclusivamente questão de nomenclatura. Sem alterar as características, muda a denominação. A uma delas cognomina de normas de eficácia relativa restringível, que nada mais é que as normas constitucionais de eficácia contida. A própria Autora diz adotar a nova nominação "aceitando a lição de Michel Temer" (*op. cit.*, p. 101). A outra, a denominada normas de eficácia relativa complementável, é a tida, pela classificação anterior, como normas de eficácia limitada. Sem qualquer demérito à excepcional contribuição de José Afonso da Silva, início de toda categorização moderna, as denominações alterantes de Maria Helena Diniz traduzem melhor o conteúdo das características das categorias.

As outras duas categorias - normas de eficácia absoluta, ou superefícazes, e normas com eficácia plena - são subdivisão das normas de eficácia plena da classificação anterior. Ambas são auto-aplicáveis, de incidência imediata, modo direto, em toda sua integralidade, independentemente de lei subconstitucional, que as complemente ou as reduza. A diferença entre as duas novas categorizações está na suscetibilidade de poderem ser, ou não, emendáveis. As que estão fora da possibilidade de reforma constitucional, através de emenda, são as conhecidas cláusulas pétreas, as intocáveis normativamente enquanto a Constituição estiver em vigor. Tais normas são as denominadas de eficácia absoluta, ou supereficazes. As demais, porém, podem ser alteradas por emendas. Por isso, passam a ser de eficácia plena ou, em nossa terminologia, eficácia plena revogável. Aqui, também parece que a subdivisão serve à melhor compreensão de tais normas, identificando-as com maior precisão.

3.3. Efeitos paramétrico e conformador

As normas jurídicas identificadas como constitucionais têm efeitos relevantes no ordenamento jurídico do país e, via de conseqüência, titularizam seus destinatários de direitos públicos subjetivos, quer direta quer indiretamente. Qualquer que seja a norma constitucional traduz estes efeitos sobre as demais leis e na sociedade em geral, mesmo porque todas as normas constitucionais têm eficácia normativa, não se podendo pensar que existam normas constitucionais secundárias e outras mais relevantes. As normas constitucionais estão, todas elas, no ápice identificador do princípio da hierarquia das leis. Todas têm eficácia normativa, não havendo subordinação hierárquica entre elas; são principais, embora interpretadas sistemicamente, isto é, coordenadamente.

Há, por isso, uma inicial observação. Atuando, como atuam, sobre as demais leis infraconstitucionais, qual a extensão, ou o grau desta extensão, quanto à influência? Influência haverá, mas em que graduação, medida ou limite? Uma única frase engloba os dois efeitos primaciais das normas jurídicas constitucionais. Tais normas, qualquer que seja a categoria, são normas *paramétricas* e *conformadoras*. Na compreensão destes qualificativos, toda a influência das normas no ordenamento jurídico de um país. O que se entende, porém, por eficácia paramétrica? Em complemento, o que se compreende por efeito de conformação?

A norma constitucional vale de parâmetro para as normas jurídicas infraconstitucionais. Como normas paramétricas, servem de apoio à interpretação das normas jurídicas inferiores. Nenhuma interpretação destas últimas pode alcançar conteúdo interpretativo que esteja em desarmonia com conteúdo da norma constitucional. Toda interpretação deve ser sistêmica. Face ao princípio da hierarquia das leis, o dado paramétrico mais relevante do sistema é a norma constitucional. Simples a compreensão técnica do efeito paramétrico. A norma jurídica infraconstitucional adquire eficácia a partir do momento em que a Constituição lhe apõe o selo da validade. Por isso, evidente a ineficácia de interpretação que infringe o texto constitucional. Falta-lhe validade.

O efeito paramétrico da norma constitucional não tem nada a ver em se entender a lei infraconstitucional como inconstitucional. Ela é constitucional, não se atrita com a normatividade constitucional. O que vai se detectar é a inconstitucionalidade da interpretação. A inconstitucionalidade da hermenêutica é um dos grandes males do atual momento constitucionalista brasileiro. Diz, por exemplo, o artigo 196 da CF que "A saúde é direito de todos e dever do Estado". O direito subjetivo público de todos está expresso, sem a menor dúvida, no artigo em referência, mas não poucas vezes se interpreta o artigo, negando-se-lhe eficácia imediata. O mesmo acontece com o mandado de injunção (art. 5º, LXXI, da CF) - que é duplamente imperativo, por ser *mandado* e por ser *injunção* - quando se o torna em simples exortação ou declaratividade, sem imposição.

Além do mais, as normas constitucionais, separadamente ou em conjunto, criam um norteamento constitucional, que funciona como elemento de conformação. No momento em que a Constituição deve dar validade às normas jurídicas hierarquicamente inferiores, há um processo investigatório de conformação às regras supremas.É a necessária busca de harmonização normativa entre os preceitos da infra-eficácia com os da supra-eficácia. Qualquer lei subconstitucional que entre em desarmonia com norma constitucional não recebe a validade necessária, perdendo sua eficácia normativa pelo vício da inconstitucionalidade. O efeito de conformação que se extrai de toda norma constitucional, nada tem a ver com interpretação, que se mede pelo efeito paramétrico; aqui pode se alcançar a efetiva inconstitucionalidade da lei subconstitucional.

Há, todavia, uma indagação. Qual o momento em que há a ocorrência da inconstitucionalidade da lei? No momento em que, com pretensão a ingressar no ordenamento jurídico, ela é publicada ou quando há o pronunciamento pelo Poder Judiciário da inconstitucionalidade existente? O fato circunstancial que exterioriza a inconstitucionalidade é a desarmonia, ou desconformação, com o regramento constitucional. Isto se dá no momento em que, se publicando a lei, ocorre o atrito normativo. Contudo, o artigo 52, X, da CF, diz caber privativamente ao Senado Federal "suspender a execução, no todo ou em parte, de lei declarada inconstitucional por decisão definitiva do Supremo Tribunal Federal". Pelo menos, diante desta norma, a inconstitucionalidade não seria a partir do instante em que se der o atrito com a Constituição.

Sem dúvida, a denominada declaração de inconstitucionalidade incidental de lei, em que se discute a inconstitucionalidade da norma para efeito de ser aplicada em relação jurídico-processual entre partes definidas, tem efeito limitado aos litigantes, não se estendendo a outros. O artigo 52, X, da CF, tem, como objetivo, após a matéria ter sido julgada definitivamente pelo STF, ainda incidentalmente, conceder um *plus* à decisão, que é o efeito *erga omnes*, face à suspensão determinada pelo Senado Federal. Deste modo e nesta orientação, a inconstitucionalidade da lei em declaração incidental se dá a partir da suspensão determinada pelo Senado Federal.

Contudo, outra coisa é a ação *direta* de inconstitucionalidade de lei ou ato normativo, julgada procedente pelo Supremo Tribunal Federal. Nesta ação, seu objeto é o exame da inconstitucionalidade da lei em tese. Julgada procedente, seus efeitos são *erga omnes* e *ex tunc* ou ainda dependem de o Senado Federal suspender a execução da lei? Este ponto não tem alcançado a univocidade de entendimento na doutrina brasileira. Há discussão concernente a ter que se acrescentar, ou não, à declaração de inconstitucionalidade, como ato de prestação jurisdicional do STF, a suspensão determinada pelo Senado Federal.

Michel Temer (*op. cit.*, p. 47) sustenta que, mesmo na ação direta de inconstitucionalidade, há necessidade de o Senado Federal suspender a execução da lei. Mais do que isto, afirma que o Senado Federal não está vinculado à decisão do STF, podendo não suspender a lei, ou suspendê-la em grau diverso do que decidira o STF. Em posição diametralmente oposta, encontram-se Pinto Ferreira (1990, p. 618), Gilmar Ferreira Mendes (1990, p. 277), Ronaldo Poletti (1995, p. 151) e Elival da Silva Ramos (1994, pp. 122/123), que restringem a ação do Senado Federal exclusivamente para a hipótese da declaração incidental.

Não temos a menor dúvida em dar nosso apoio à tese da desnecessidade da suspensão pelo Senado Federal da inconstitucionalidade declarada em ação direta. E o argumento é simples. Na declaração incidental, o efeito da decisão definitiva do STF vale *inter pares*. O Senado Federal pode, considerando critérios de conveniência, acrescentar à decisão do Supremo o efeito *erga omnes*, que ela não tinha e nem poderia ter. Se acrescentar o *plus*, não há atrito com a decisão do STF, porque é matéria estranha ao julgamento. E o Senado, com representantes dos Estados Federados e do Distrito Federal, pode acrescentar a nível nacional. O mesmo, porém, não ocorre na ação direta de inconstitucionalidade.

A decisão do Supremo já tem efeito *erga omnes*, o que demonstra toda desnecessidade de o Senado Federal suspender uma lei que já foi excluída do ordenamento jurídico. O mais grave, porém, é que se, por conveniência, o Senado resolver suspender em grau diverso da decisão do Supremo, há invasão de competência deste, o único com poder de prestação jurisdicional. O conflito seria evidente com a regra de independência e harmonia entre os Poderes (art. 2º da CF) e com o princípio da separação dos Poderes (art. 60, § 4º, III, da CF). Assim, a desnecessidade de intervenção do Senado Federal aparece nítida, por força da interpretação sistêmica das normas constitucionais.

Daí, o nosso entendimento, quanto ao momento em que há a inconstitucionalidade, tem solução dúplice. Nas hipóteses em que a declaração se dá via incidental, este momento se localiza no instante em que há a suspensão da lei determinada pelo Senado Federal. Antes, a lei existe e, em cada caso concreto, tem que se reexaminar a inconstitucionalidade. Nas hipóteses de inconstitucionalidade via ação direta, o momento da ocorrência da inconstitucionalidade é o do atrito com o texto constitucional, visto que a decisão do STF se qualifica, além de *erga omnes*, de *ex tunc*.

3.4. Normas programáticas

À indagação do que seriam normas programáticas, a resposta mais simples as adequaria à compreensão de normas-fim, normas-programa, etc. Seu conteúdo normativo se circunscreveria à normatividade a ser executada no futuro, através de lei ou programa de governo que as tornassem viáveis para aplicação. Não seria uma norma atual; sim para execução superveniente. O diferimento, porém, não seria como que uma *vacatio legis*. Só haveria aplicação, com o desaparecimento da natureza de diferida, quando editada a lei ou realizado o programa que lhe dariam vida. Neste entendimento, haverá norma programática por si só, de edição autônoma e diferençada das demais espécies de normas constitucionais.

Esta projeção para o futuro, que nasce do fato de sua execução e aplicação serem diferidas para mais adiante, já oportunizou que se categorizassem as normas programáticas como normas sem vigência atual. E, mais do que isto, excluía-se da própria regra programática o efeito normatizante, visto a alegada inexistência de obrigatoriedade ou imperatividade. Com efeito, a regra programática, no passado, sem deixar de ser uma regra-fim, valia como simples exortação ou aconselhamento, significativos de propósitos e intenções, mas sem vincular, necessariamente, o legislador e o governo. Daí, a negação de que as programáticas seriam normas jurídicas, porque estas não propõem; contêm, na verdade, exigências e imposições.

Modernamente, as normas programáticas passaram a ter outra configuração. Manteve-se a idéia de que são aquelas normas que se projetam para o porvir, tornando-se amplamente eficazes a partir do momento em que se as preencha por outra lei ou execução governamental. É regra editada atualmente para aplicação no futuro. Contudo, deixou de ser norma de exortação ou de aconselhamento. Hoje, a norma programática é vinculativa para o legislador, isto é, contém imposição constitucional limitada. Ela tem vigência atual, como se verá mais adiante, pelos efeitos que produz. Pontes de Miranda (1967, p. 127) diz: "Algo que era *político*, partidário, programático, entrou no sistema jurídico; cerceou-se, com isso, a atividade dos legisladores futuros, que, no assunto programado, não podem ter *outro* programa".

Assim, a norma programática tem juridicidade e alguns efeitos imediatos, a serem examinados adiante. De momento, cabe diferençar. O dado que desassemelha a norma programática das normas preceptivas de supereficácia, de eficácia plena e de eficácia contida, está na circunstância de que a primeira tem sua aplicabilidade integral para o futuro, eficácia que se define como diferida, enquanto as outras citadas se aplicam de imediato, desde logo. Como diferençar, todavia, a norma programática das normas constitucionais complementáveis, que também são diferidas?

A diferença, face ao aspecto de ambas dependerem de disposições supervenientes, está em outro nível. As normas jurídicas complementáveis precisam do complemento normativo, porque é o próprio texto constitucional que, expressamente, condiciona sua aplicação à existência de lei infraconstitucional. O direito a alcançar já está explicitado na norma constitucional. A condição para sua aplicação é a lei subconstitucional. Assim, a proteção do salário aparece como direito social, mas sua aplicação está condicionada à existência de lei (art. 6º, X, da CF). A norma programática, por ser genérica e não específica, está incompleta para aplicabilidade. Daí, a necessidade de ser regulamentada para aplicação. É, *v.g.*, a hipótese prevista no artigo 211 da CF.

As normas programáticas, porém, têm efeitos imediatos como as demais normas constitucionais. Servem de parâmetro para o ato de interpretação das normas infraconstitucionais e para compor o sistema fundamental à interpretação sistêmica das normas constitucionais. José Afonso da Silva (*op. cit.*, pp. 142 e 146) reconhece que "têm elas uma *eficácia interpretativa* que ultrapassa, nesse ponto, as outras do sistema constitucional ou legal, porquanto apontam os fins sociais e as exigências do bem comum, que constituem vetores da aplicação da lei", e a lei que entre em desconformidade com as regras programáticas "deve ser declarada inconstitucional".

A matéria é tranqüila na doutrina. Assim se pronunciam Maria Helena Diniz (*op. cit.*, pp. 104/105), Luiz Roberto Barroso (*op. cit.*, p. 112), Paulo Bonavides (*op. cit.*, p. 221), Celso Ribeiro Bastos (*op. cit.*, 1º v., p. 344) e outros. Deste modo, a regra programática é paramétrica para o ato de interpretação e, incluída no sistema constitucional, gera a inconstitucionalidade da lei que for editada em desconformidade. Luis Roberto Barroso (*op. cit.*, p. 113) anota outro efeito, na verdade um acessório: "revogam os atos normativos anteriores que disponham em sentido colidente com o princípio que substanciam".

A Constituição estrutura o Estado e é o início normativo da nova organização estatal. O ponto mais alto da hierarquia das leis. A doutrina chama a atenção que, sendo o texto constitucional o início, qualquer lei infraconstitucional que venha a ser editada deve se conformar, ou não se atritar normativamente, com o texto da Constituição. A este fenômeno resultante da harmonização entre a lei subconstitucional e o texto da Constituição, dá-se a configuração de selo de validade. Tudo se passa num plano teórico. Lei com selo de validade é lei constitucional, ao contrário da inconstitucional, que é aquela que, por atritante com a Constituição, não tem a garantia de validade. Acentue-se, porém, que a validade concedida tem eficácia durante e enquanto a Constituição estiver em vigor.

No momento em que é editada uma nova Constituição, a legislação anterior deve renovar a validade que tinha perante o texto constitucional da época. Novos confrontos, para se ver até que ponto se mantém a conformação com o novo texto e, neste caso, há revalidação. Por isso se fala, a partir de uma nova Constituição, em recepção constitucional das leis anteriores a ela. Este fenômeno receptivo, que nada mais é que o refortalecimento da conformação constitucional, só ocorre se e enquanto a norma recepcionada estiver em harmonia com o Texto Maior superveniente. Assim entendido, as normas que se atritam com o posterior texto constitucional não são revalidadas, ou recepcionadas.

Tecnicamente, o que era constitucional passa a se apresentar como incompatível com o novo Ordenamento Supremo. Enfatiza-se que, no mesmo ordenamento jurídico, não podem coexistir duas normas em atrito. Seria, a nosso entender, o caos normativo. Como conseqüência, a norma infraconstitucional perde sua eficácia e validade. Esta compreensão nem sempre alcançou a univocidade doutrinária. José Afonso da Silva (*op. cit.*, p. 146) retrata a situação vivida pela Itália, com a Constituição de 1º de janeiro de 1948. O atrito com as normas jurídicas da época do fascismo evidenciou-se acentuadamente, principalmente quando se dava relativamente às normas programáticas do novo texto. Instalou-se vivo e percuciente debate, hoje limitado à história das instituições jurídicas italianas.

No momento em que se aceitou a invalidade da lei precedente, outra questão tomou vulto. Poder-se-ia falar em *inconstitucionalidade superveniente* ou *revogação* pura e simples da lei. Havia outra solução, sustentada por Lúcio Bittencourt: tratar-se-ia de *revogação por inconstitucionalidade*. O problema passou a ser de nominação. Qual seria a mais própria para o fenômeno? Na expressão *inconstitucionalidade superveniente*, há uma contradição. A lei só é inconstitucional se se atritar com a Constituição da época em que for editada. Ou ela nasce inconstitucional ou jamais o será. Caio Mário da Silva Pereira (1980, p. 126) ensina: "Se após a existência da regra legal aparece princípio constitucional com ela incompatível, não se tratará de inconstitucionalidade da lei, pois que ao tempo de sua votação inexistia na Constituição preceito contrário. Há simples revogação".

Vicente Ráo (*op. cit.*, p. 298), depois de dizer que "o preceito revogatório só pode advir do mesmo poder, ou autoridade, que editou a norma que se revoga...", examina o problema dentro do critério da hierarquia das leis, para concluir que "é assim que a Constituição revoga todas as leis, decretos, regulamentos e atos administrativos em contrário". A hipótese, portanto, não é nem de inconstitucionalidade superveniente nem de revogação por inconstitucionalidade. A correta é a da revogação por incompatibilidade normativa.

3.5. Reformabilidade

A tese sustentada por estudiosos no Século XVIII, significativa da imutabilidade das normas constitucionais, colidia com a mutabilidade da vida, da sociedade e dos valores sociais. Tinha, certamente, um sinal de reconhecimento no poder constituinte originário de uma genialidade que afastava qualquer erro ou renovação das regras sociais. Na atualidade, a tese é oposta. A reforma das normas constitucionais é possível. A Constituição pode ser modificada em partes, alterando-se ou acrescentando-se normas constitucionais. A exigência lógica e primeira é quanto à titularidade do poder de reformar, que sempre está na soberania popular. No Brasil, democracia indireta, a representação do povo é entregue aos deputados federais e, quanto aos Estados Federados e Distrito Federal, aos senadores, como poder constituinte derivado ou poder constituinte de 2º grau. Contudo, assim como a tese da imutabilidade era um equívoco, o poder reformador, por natureza, é limitado.

As limitações podem ser circunstanciais ou materiais. No Brasil, por exemplo, as circunstanciais estão referidas no artigo 60, §§ 1º e 5º, da CF. Ressalte-se, para melhor compreensão das vedações circunstanciais, que o descumprimento, na aprovação das emendas, destas proibições, leva à inconstitucionalidade das reformas, por vício formal. As limitações materiais oferecem espécies normativas que não se sujeitam à reforma através de emendas. É o núcleo imutável de um texto constitucional. A doutrina fala em *cláusulas pétreas*, no sentido de normas perenizadas insuscetíveis de alteração. O § 4º do mesmo artigo 60 elenca-as expressamente. O problema está em se entender o rol como taxativo ou exemplificativo, admitindo-se cláusulas pétreas implícitas. A doutrina as admite (José Afonso da Silva, 1990, p. 60, e Paulo Bonavides, *op. cit.*, pp. 178/180).

Em matéria de reforma constitucional, prioriza-se uma equação nascida do fato de se classificarem as Constituições em rígidas e flexíveis. Flexíveis são aquelas que admitem a reforma constitucional com obediência ao mesmo processo legislativo permitido para elaboração da legislação subconstitucional. As rígidas exigem um processo legislativo para as emendas mais qualificado. É forma, inclusive, a nosso entender, de reconhecimento da superioridade hierárquica da norma constitucional e de satisfazer o princípio de que, na reforma, deve existir semelhante, ou mais dificultoso, processo que na feitura da própria Constituição. São Constituições rígidas, por exemplo, além da em vigor no Brasil, a de Cuba (art. 173), a dos Estados Unidos da América (art. V), a da Itália (art. 138), etc.

O processo a ser seguido para a reforma constitucional é ditado pelo próprio texto da Lei Maior. A Constituição de 1824, por exemplo, obedecia a um específico processo de reforma, em que o eleitorado a cada alteração concedia, ou delegava, com anterioridade, poderes aos deputados para votarem a emenda. Assim: a) o pedido de reforma era por proposição escrita, iniciada na Câmara dos Deputados; b) votada a proposição, transformar-se-ia em lei "na qual se ordenará aos eleitores dos deputados para a seguinte legislatura, que nas procurações (mandatos) lhes confiram especial faculdade para a pretendida alteração ou reforma"(arts. 174/176); c) na seguinte legislatura e na primeira sessão, a matéria da reforma será votada. Lembra-se, porém, que, na Constituição de 1824, só obedecia a este processo de reforma a matéria constante da Constituição, que se entendesse como constitucional, visto que "tudo o que não é constitucional pode ser alterado, sem as formalidades referidas, pelas legislaturas ordinárias" (art. 178).

Na Constituição atual, como nas anteriores, os deputados federais e senadores, pelo simples fato de terem sido eleitos, já recebem a faculdade de reformar a Constituição, visto que as Casas Legislativas detêm, na democracia indireta, o poder constituinte derivado, o de 2º grau. Não podem fazer uma nova Constituição, porque não há delegação específica do eleitorado, o que só ocorre nas eleições para Assembléia Constituinte, em que haverá substituição integral do texto constitucional.

Todavia, a reforma constitucional se insere, como delegação, em qualquer mandato político para o legislativo federal. Há, para reforma, a legitimidade da Câmara dos Deputados e do Senado Federal. O processo a ser obedecido, inclusive quanto ao *quorum* qualificado, está no artigo 60 da CF.

No Direito Comparado, as exigências são outras. Na Constituição dos Estados Unidos, as emendas só serão válidas se forem ratificadas pelas legislaturas dos Estados ou por convenções reunidas para esse fim, cabendo ao Congresso propor uma destas formas de ratificação. Na Constituição da República da Coréia, a emenda constitucional, após aprovada pela Assembléia Nacional, é submetida a referendo nacional (art. 130, 2), enquanto, na Carta Política das Filipinas, a emenda aprovada é objeto de plebiscito (art. XVII, seção 4).

4. *Princípios constitucionais*

4.1. Compreensão de princípio

Identificar *princípios* como regramentos básicos extraídos da ciência jurídica e sobre os quais se assenta um determinado ordenamento jurídico traduz uma pálida idéia do que eles são. Identicamente, dizê-los encontráveis, explícita ou implicitamente, num texto constitucional, sendo que, englobadamente, retratam um *sistema*, ponto de apoio de determinado ordenamento jurídico maior, especializa o princípio como constitucional, mas a sua compreensão continua tímida. A única coisa que se exteriorizou é que princípio se configura como fonte basilar, como raiz ou ponto de apoio de determinada ciência. A sua compreensão exige mais alargamento de idéias.

Sem qualquer objetivo de se fugir à dificuldade conceitual, a matéria relativa a princípios se insere entre aquelas mais fáceis de entender do que explicar. A dificuldade de se dizer o que são está mais nos riscos que pode apresentar uma exposição feita. Não necessita ser especialista em direito para saber, intuitivamente, que há uma diferença entre norma jurídica, como mandamento e preceituação, e princípio. A primeira impõe, determina e obriga em seus limites normativos. O segundo não tem a mesma injunção. Elegemos este aspecto para iniciar nossas pesquisas concernentemente à identificação do que são princípios de direito em geral e, modo específico e especializado, princípios constitucionais.

Inicialmente, há o sinal de abstração. Toda norma jurídica conferidora de direitos subjetivos tem o caráter de genérica. Nenhuma lei é pessoalizada. Radica em seu conceito um dado de abstração. Contudo, como deverá, ao ser aplicada, se concretizar em determinada pessoa, a norma jurídica tem componentes para o amoldamento, que se traduz por suporte fático. A norma jurídica é abstrata, mas não em grau absoluto, porque há indicação de seu suposto de fato que, pedindo por empréstimo termos tributários, tem a específica noção de fato gerador ou hipótese de incidência. Assim, a norma jurídica é *relativamente* abstrata.

O *princípio* tem outra compreensão. É, sem a menor dúvida, explicado por sua abstração. Não se direciona a uma ou mais pessoas nem a uma ou mais hipóteses fáticas. É uma idéia centralizadora e caracterizante do sistema jurídico como um todo. Não chega diretamente ao indivíduo, ao ser humano individualizado, pelo simples elo do suporte fático. Há exigência de outros dados e componentes, inclusive de normas jurídicas interpretadas. Deste modo, o grau de abstração, nos princípios, é mais acentuado. Esta abstração qualificamos como *absoluta* e exigível de aplicação indireta. Para chegar a incidir, não se basta; precisa ser através de uma norma jurídica, que enche de conteúdo e determinação.

A discussão que se poderia formar quanto à generalidade *absoluta* ou *relativa*, que gradua a abstração, entregando toda a solução a critérios não previstos e, por isso, subjetivos, tem uma orientação objetiva que resolve, satisfatoriamente, o problema. A graduação da generalidade, que serve à distinção entre princípio e norma jurídica, é aferível pela natureza pertinente de cada generalidade. Assim, a generalidade da norma jurídica concerne à indeterminação pessoal do beneficiado por seu conteúdo normativo mas, no respeitante à situação fática tutelável, ela é determinada porque há uma hipótese, ou mais, de supostos fáticos, todos normativamente definidos. Ao contrário, é o que ocorre no respeitante aos princípios. A generalidade destes se refere ao número indeterminado de aplicações. Não há uma situação fática única ou plural especificada.

Há outro dado que serve para revelar a distinção, o que se refere à destinação. As normas jurídicas têm específicos destinatários, indicados pelo suporte fático nelas existente. As preceptivas se direcionam aos cidadãos, tutelando-os. Tudo de modo direto. As programáticas têm direcionamento aos do povo, concedendo-lhes direitos subjetivos em formação, e aos legisladores ou outras autoridades para preenchimento dos programas e efetivação dos direitos. Assim, as normas jurídicas, sejam as preceptivas, sejam as programáticas, dirigem-se ao povo em geral e as últimas também aos legisladores. Daí se pode dizer que a norma jurídica ou é o direito positivo posto à incidência de quem satisfaça o suporte fático ou já é etapa na formação deste direito. Por isso, o direcionamento direto ao povo ou o seu direcionamento também ao legislador, com função de complementariedade.

Os *princípios* têm outro direcionamento. Dirigem-se aos órgãos de aplicação da lei, que se utilizam deles para preenchimento das normas jurídicas existentes. Direcionamento diferente com objetivos diversos. Não aos do povo ou aos legisladores; mas aos aplicadores da lei. Não com objetivo, mediato ou imediato, de compor o direito subjetivo pessoal; mas de servir à pesquisa das normas jurídicas em geral. Em outras palavras, uma diferença qualitativa. As normas jurídicas, mesmo as diferidas, existem para serem aplicadas, a partir do instante em que são ou serão mandatórias; os princípios servem para a função de esclarecimento e amoldamento do conteúdo das normas jurídicas em aplicação.

As diferenças até agora alinhadas começam a dar melhor compreensão aos princípios. A esta altura, portanto, já é possível, para atender as necessidades concernentes a esta exposição, buscar-se uma definição. *Princípios*, que lembram origem e raiz, são regramentos de caráter genérico, dirigidos aos aplicadores das normas jurídicas para que, ao aplicá-las, extraiam seus conteúdos normativos considerando, indiretamente, o que os princípios informam. No mesmo sentido, Celso Antonio Bandeira de Mello (1993, p. 408): princípio "é por definição, mandamento nuclear de um sistema, verdadeiro alicerce dele, disposição fundamental que se irradia sobre diferentes normas compondo-lhes o espírito e servindo de critério para sua exata compreensão e inteligência..."

Os princípios, conforme definidos, têm dupla função preponderante. Inicialmente, como elementos utilizáveis no ato de interpretação das normas gerais de igual ou inferior hierarquia. Está na área do óbvio que um princípio extraído de lei subconstitucional não tem força para orientar o processo hermenêutico de norma constitucional. Sempre haverá obediência ao regramento da hierarquização das leis. Em segundo lugar, servem à formação do sistema de determinado ordenamento jurídico, também parâmetro para se alcançar o exato conteúdo das normas jurídicas em aplicação. Inclusive, como se verá oportunamente, a interpretação sistêmica - a que obedece ao parâmetro do sistema do ordenamento jurídico - é a mais importante de todas as interpretações até agora conhecidas.

4.2. Princípios gerais de Direito

Na doutrina, há preponderância de ser ampla a abrangência do conceito de princípios gerais de direito. A começar por Clóvis Bevilaqua (1940, V. I, p. 112), ao referir que, quando se fala em princípios gerais de direito, não se está tratando de princípios gerais do direito nacional, mas "dos elementos fundamentais da cultura jurídica humana em nossos dias; das idéias e princípios, sobre os quais assenta a concepção jurídica dominante..." Do mesmo sentir, é o magistério de J. M. de Carvalho Santos (1980, p. 105), notadamente quando anota que tais direitos são buscados "nos princípios universais de Direito, no espírito geral das leis..."

Assim, na investigação que tem por objeto os princípios gerais de direito, o intérprete os encontra no ordenamento jurídico do País, não se limitando a pesquisa à legislação aborígene. Ultrapassa-a, estendendo-se à legislação alienígena, ao ordenamento jurídico dos demais países. E mais: às orientações doutrinárias e à força que emana da jurisprudência. O campo investigatório é extenso. Esta compreensão não permite, porém, que se aceite, para incidência em território nacional, princípio geral de direito extraído de legislação estrangeira e que se encontre em incompatibilidade com norma jurídica nacional. Este perigo de *aequitas cerebrina* está afastado face à eficácia soberana da lei nacional. Esta, normativamente, sempre será um limite ao que se poderia cognominar de arbítrio interpretativo.

Vicente Ráo (*op. cit.*, p. 238) colhe esta idéia limitativa do magistério do filósofo italiano Del Vecchio, assim argumentando: "...o legislador, na realidade, só impôs uma condição no tocante às relações entre os princípios gerais de direito e as regras particulares e legais de direito, a condição, isto é, de que entre elas e aquelas não haja desacordo, ou antinomia". Em outras palavras, os princípios gerais de direito devem estar conformes, jamais se atritando, com o sistema jurídico, que se irradia do ordenamento jurídico do País.

Anota-se um aspecto importante que qualifica os princípios gerais de direito. Eles existem e atuam no vasto campo do direito privado, visto se localizarem nesta área jusprivatista. Ou porque são nela exclusivamente expressos ou porque nascem de valores extraídos de outras fontes de direito. Esta é a origem e, por razões ditadas no regramento pertinente à hierarquia das normas, só atuam no campo da normatividade infraconstitucional. Este aspecto, portanto, diz respeito ao campo de incidência dos princípios gerais de direito. Certo, porém, como conseqüência, que nenhum destes princípios se aplica na específica área do direito constitucional. O impedimento está, tecnicamente, na regra respeitante à hierarquia das leis. Os princípios gerais de direito não podem ser alçados à esfera da normatividade constitucional.

Detecta-se, todavia, uma função de relevância jurídica nos princípios gerais de direito. Têm atribuição supletiva ou subsidiária (art. 4º do Dec. Lei nº 4657/42 - LICC). A função, que equivale a se entender princípios gerais de direito como norma jurídica e, por isso, regra preceptiva, só existe na hipótese de ocorrência normativa lacunosa. A omissão da norma positiva e a inexistência de regra costumeira permitem a utilização da analogia e dos princípios gerais de direito. Não se pode pensar em função normativa se não se desenhar a omissão. Contudo, como em todo e qualquer princípio, há a função paramétrica. Eles servem como dados interpretativos na busca do conteúdo das normas jurídicas, limitandose, o que já foi dito, à área da infraconstitucionalidade. Esta função é por demais relevante, porque enche a norma jurídica em harmonia com os princípios.

O Código de Defesa do Consumidor, aplicável somente às relações de consumo, indica, entretanto, no artigo 6º, não taxativamente, os direitos básicos do consumidor. E, no artigo 7º, realiza uma extensão, alcançando, entre outros, os direitos "que derivem dos princípios gerais de direito". Previsão de existência, como se vê, expressa. Extrai-se do artigo 7º uma função além de subsidiária. O direito extraível dos princípios gerais de direito não é aplicável somente havendo omissão. Passa a fazer parte do rol dos direitos básicos do consumidor, com função de normatividade preceptiva, aplicável harmonicamente com os outros direitos básicos explicitados. É, pode-se dizer, uma função especialíssima, no campo das relações de consumo, dos princípios gerais de direito. Mas é exceção legal.

Os princípios gerais de direito são vários. Uns explícitos, porque formalmente escritos (por exemplo, arts. 75 e 85 do Cód. Civil e 6º, V, do Cód. de Defesa do Consumidor). Outros se têm como implícitos, visto que não expressos, mas extraídos de outras fontes. Entre estes, *v.g.*, o do *não-locupletamento sem causa* - que se gera da Justiça, que é dar a cada um o que é seu, e do respeito ao direito de propriedade -, o da *revisão contratual por ato unilateral*, com apoio na cláusula *rebus sic stantibus*, com afastamento do *pacta sunt servanda*.

4.3. Princípios constitucionais

A Constituição, normativamente, é um conjunto de regras preceptivas, programáticas e princípios configurantes de valores básicos. Há, a todo sentir, uma normatização principiológica no texto constitucional. A Constituição de 1967/69 (art. 153, § 36), após especificacão dos direitos e garantias individuais, regrava, genericamente, que o rol indicado não excluía direitos decorrentes "dos princípios que ela adota". A Constituição vigente, no § 2º do artigo 5º, tem regra semelhante, referindo-se a direitos e garantias individuais decorrentes "dos princípios por ela adotados". O que se quer ressaltar, no momento, é que o Texto Maior afirma, expressamente, ter adotado um conjunto de princípios, no caso, constitucionais, face à sua localização.

Os princípios constitucionais, explicitados ou implícitos, têm uma característica que os acompanha. Todos eles estão impregnados de supremacia, ou seja, são imperativos e obrigatórios para todos. Assim, os Estados Federados, o Distrito Federal e os Municípios, embora todos autônomos, devem obediência aos princípios constitucionais existentes (arts. 25, 29 e 32 da CF). Em outras palavras, não se insere na autonomia dos entes federativos menores o não aceitar ou negar observância aos princípios constitucionais do Texto Supremo federal. Por isso, a interpretação das Cartas estaduais ou das Leis Orgânicas municipais ou distrital se utiliza dos dados paramétricos dos princípios constitucionais. As Constituições estaduais, inclusive, podem adotar outros princípios, desde que não conflitantes, mas harmônicos com os princípios constitucionais federais.

Enfatiza-se, em complemento, que os princípios gerais de direito, por só se localizarem na legislação subconstitucional ou extraídos dela ou de outras fontes hierarquicamente inferiores, não têm a supremacia dos federais e não servem para interpretar textos constitucionais. Os princípios constitucionais, por se qualificarem como constitucionais, tendo origem na Lei Maior, são inconfundíveis com os princípios gerais de direito. Estes têm, quando muito, a criação determinada pelo legislador ordinário. Os princípios constitucionais, por radicarem-se no Texto Maior ou extraídos dele, têm como força criadora o Poder Constituinte. Daí, completando-se a equação, só são princípios constitucionais os que tiverem origem, direta ou indireta, no Constituinte.

Os princípios constitucionais, para um melhor enfrentamento da matéria e compreensão mais exata do tema, podem observar classificações. Entendemos razoável dividi-los, categorizando-os ora por seu *aspecto formal*, ora por sua *área de incidência* e ora pelo *espaço territorial* em que podem se refletir, com maior ou menor extensão. No que diz respeito ao aspecto formal, os princípios constitucionais ou são *explícitos*, regras escritas, ou *implícitos*, extraídos das normas constitucionais. No referente à área de incidência, ou são *genéricos*, aplicando-se a qualquer situação, ou *específicos*, relativos à determinada área de direito. No concernente ao espaço territorial, podem atuar ou só no *direito interno* ou repercutirem na *área internacional*.

Os princípios referidos no artigo 37 da CF - legalidade, impessoalidade, moralidade administrativa e publicidade - têm sua área de incidência limitada à administração pública direta, indireta ou fundacional. Não têm alcance geral, mas específico ao direito administrativo. Os princípios constantes, identicamente, do artigo 150 da CF - legalidade, isonomia tributária, irretroatividade, anualidade, impedimento de efeito confiscatório, imunidade, etc. - só se aplicam na área tributária. Fora dela, não incidem. Também aqui a destinação dos princípios é específica. Ao contrário, existem outros que, por sua generalidade, não têm área específica de aplicação. Por exemplo, o princípio republicano da isonomia, o de que todos são iguais perante a lei, o princípio da inviolabilidade do direito à vida, etc.

Todos os princípios referidos *retro* - os da administração pública, os tributários, os da isonomia ou o da inviolabilidade do direito à vida - e tantos outros são aplicáveis no direito interno, onde atua a soberania estatal. Não têm efeito normatizante para fora de nosso território. São princípios que se poderiam cognominar de princípios constitucionais territoriais. Nenhum deles, mesmo que alegados por pessoa aqui nascida ou residente, é aplicável em território estrangeiro. Não se integram no brasileiro onde ele esteja; tutelam-no desde que em território nacional. É a obrigatoriedade da regra legal brasileira no espaço. Ela se aplica no território - terra (parte físico-geográfica), água (mar territorial) e ar (o que estiver acima da terra e da água) -, face à soberania estatal. Excepcionalmente, estende seus efeitos a território estrangeiro, havendo extraterritorialidade face a convenções internacionais.

De outro lado, o artigo 4º da CF elenca vários princípios - prevalência dos direitos humanos, não-intervenção, solução pacífica dos conflitos, repúdio ao terrorismo, concessão de asilo político, etc. - que não se dirigem ao direito interno. Especificamente, têm direcionamento para as relações internacionais. São princípios com repercussões na *área internacional*. Entenda-se: não são direitos ou garantias ao indivíduo. Por força deles, nem o estrangeiro nem o brasileiro fora do território nacional fazem jus a qualquer dos princípios. Eles existem para serem aplicados nas relações internacionais. Em outros termos, nos tratados ou convenções internacionais dos quais o Brasil for parte, tais princípios devem ser respeitados, valendo como condicionantes da validade de tais atos. É um posicionamento do Brasil, norteador de seus pronunciamentos e condutas, no concerto de todos os países do mundo. Neste sentido é que se fala em atuação na área internacional.

Os princípios constitucionais explícitos são aqueles expressamente referidos no texto constitucional. Entre tantos, os da administração pública (art. 37 da CF), os tributários (art. 150 da CF), o da igualdade do seres humanos perante a lei (art. 5º da CF), os indicados no inciso VII do artigo 34 da CF - princípios republicano, democrático, do sistema representativo, da autonomia municipal, dos direitos do homem e da prestação de contas da administração pública. A Constituição os acolheu, explicitou-os e lhes deu os pertinentes efeitos. Não há, propriamente, investigação para encontrá-los. Basta a simples leitura do texto da Carta política e eles se apresentam, sem maior necessidade de pesquisa ou de interpretação.

Os princípios constitucionais implícitos são os não-escritos, sem existência formal mas que têm a mesma força e efeitos dos explicitados. São encontráveis por extração. O exame cuidadoso das várias normas jurídicas - regras preceptivas e programáticas - vai aclarando valores que delas emanam. Este conjunto de valores, bem sopesados, estabelecem regras básicas que, por não serem escritas, são princípios implícitos. Entre estes princípios, arrolamos, como exemplos, dois que serão mais adiante examinados separadamente: o princípio do pluralismo social e o princípio da proporcionalidade.

4.4. Princípios constitucionais explícitos

A explicitude já foi examinada no item anterior, certo de que são explícitos aqueles princípios que adotam a forma escrita. O constituinte não só os quis editar, mas torná-los expressos, com todas as suas letras. Entre eles, já se elencaram os concernentes à administração pública, os denominados princípios tributários, os relativos às relações internacionais e o da isonomia de todos perante a lei. Mas há outros que buscaremos examinar e na dimensão que vai interessar neste estudo introdutório da Constituição de 1988. Saliente-se, entretanto, desde logo, que o exame que faremos não tem pretensão a ser completo. É um simples indicativo do que a Constituição apresenta.

Os princípios atuantes na *atividade econômica* estão arrolados no artigo 170 da CF. Não há necessidade de examiná-los um a um, mesmo porque este exame foi feito, com as devidas anotações, em outro volume desta coleção (*Comentários à Constituição de 1988 - Ordem Econômica e Financeira*, Porto Alegre: Livraria do Advogado, 1997). O que cabe ressaltar é que, como exercício dos princípios, devem-se levar em conta todos eles em conjunto, para a devida harmonia entre a valorização do trabalho humano e a livre iniciativa. A tese, em princípio correta, do neoliberalismo, não pode ser aplicada somente se olhando o lado do capital e o do titular da atividade econômica, como tem sido feito. Os princípios elencados devem ser, por exigência constitucional, sopesados.

As leis econômicas utilizadas na atividade privada com base no neoliberalismo e fortemente apoiadas pela política governamental, não estão numa área de simples conveniência, o que afastaria qualquer controle, pelo Poder Judiciário. Há uma constatação a ser feita respeitante à constitucionalidade ou não. Toda atividade que, a título de neoliberalismo, não cumpre ou desobedece os princípios constitucionais explícitos e específicos, é prática que se afigura como infringente ao texto constitucional. Parece secundário que não haja previsão expressa de como provocar o Judiciário. O relevante é que a Constituição delegou ao STF a função de guardião da Carta promulgada (art. 102 da CF) e não o fez, certamente, por simples retórica.

Os *princípios orçamentários* são todos eles direcionados à boa execução das despesas e receitas públicas. Têm o objetivo de disciplinação das funções governamentais, entregando-se a fiscalização orçamentária ao Congresso Nacional, com o auxílio do Tribunal de Contas da União (art. 71 da CF). O orçamento obedece a certos princípios. O primeiro deles de caráter formal. O orçamento é uno, englobando diversos setores e órgãos. O § 5º do artigo 165 da CF, que caracteriza o *princípio da unidade*, diz em que consistirá o orçamento, abrangendo diversos pequenos orçamentos. Inclusive, as próprias despesas para atendimento de precatórios, forma de execução contra a Fazenda Pública, devem constar dos orçamentos à disposição do Judiciário (art. 100 da CF).

O orçamento cumpre o *princípio da anualidade*, limitando o período de vigência e eficácia da lei orçamentária. Em vários artigos da Constituição fala-se em orçamento *anual* (arts. 165, III e § 5º, 166, etc.). A Constituição deferiu à lei complementar a atribuição de "dispor sobre o exercício financeiro, a vigência..." (art. 165, § 9º, I). A matéria está, presentemente, normatizada na Lei nº 4.320, de 17 de março de 1964, que estatui normas gerais de direito financeiro. É o que se lê no artigo 34 da referida lei: "O exercício financeiro coincidirá com o ano civil", isto é, de 1º de janeiro a 31 de dezembro de cada ano. Esta vigência faz parte da tradição brasileira.

Há outro princípio orçamentário: o *princípio da exclusividade*. A lei de orçamento só deve tratar de matéria financeira, afastando qualquer tema estranho às finanças. Foi da prática brasileira a inclusão em lei orçamentária de dispositivos não-financeiros, uma vez, inclusive, regrando-se tema relativo a desquite (Carlos Valder do Nascimento, 1995, p. 56). O § 8º do artigo 165 da CF regra que "a lei orçamentária anual não conterá dispositivo estranho à previsão da receita e à fixação da despesa", permitindo-se, somente, autorização para abertura de créditos suplementares e contratação de operações de crédito, mesmo que por antecipação da receita. As *caudas orçamentárias* estão banidas dos orçamentos.

A exclusividade orçamentária é complementada pelo *princípio da universalidade*. Além de não constar do orçamento matéria estranha, a lei orçamentária deve tratar de todas as despesas e receitas. Carlos Valder do Nascimento (*op. cit.*, p. 60) afirma que "o princípio da universalidade induz ao entendimento segundo o qual o conjunto de todas as receitas e despesas devem figurar no orçamento público". Este princípio da universalidade nasce de outras regras constitucionais. Assim, no artigo 167, para se iniciar um programa ou projeto, eles devem estar incluídos na lei orçamentária anual (inc. I), as despesas realizadas ou a assunção de obrigações diretas não podem exceder os créditos orçamentários e adicionais (inc. II) e, em regra, é proibida a realização de créditos que ultrapassem o montante das despesas de capital (inc. III). Estas vedações reafirmam a universalidade, face à necessária coordenação de receitas e despesas.

A Lei nº 4.320/64, que estatui normas gerais de direito financeiro para elaboração e controle dos orçamentos, foi recepcionada pela Constituição de 1988 e equivale à lei complementar referida no § 9º do artigo 165 da vigente Carta Política, pois a Lei nº 4.320/64 tem dois artigos que tratam do princípio da universalidade. No artigo 6º, regra que "todas as receitas e despesas constarão da Lei de Orçamento pelos seus totais, vedadas quaisquer deduções". É a tradução mais simples do princípio que está sob exame. No artigo 2º, é dado o conteúdo da Lei de Orçamento, determinando-se obediência a certos princípios, entre eles o da universalidade.

Arrola-se, ainda, como princípio constitucional na área do orçamento, o da *legalidade*. O diploma orçamentário é uma lei e assim designado pelo texto constitucional. As despesas e receitas se realizam com apoio na lei orçamentária e não podem ser estranhas ao que está previsto e autorizado. Além do mais, a lei orçamentária se vincula a outras leis: à do plano plurianual e à das diretrizes orçamentárias. Todo um arcabouço legal serve de supedâneo ao exercício e prática do orçamento. Não fosse isto, os atos da administração pública devem obedecer ao princípio da legalidade, conforme acentuado no artigo 37 da CF. Acrescenta-se, ainda, que a fiscalização orçamentária exercida pelo Congresso Nacional e pelo Tribunal de Contas da União diz respeito, também, à legalidade (arts. 70 e 71 da CF).

Relativamente à *educação*, há um princípio básico e com acentuada conotação programática. Trata-se a educação de "direito de todos e dever do Estado e da família". Pode-se dizer que todos do povo têm direito público subjetivo à educação, com o objetivo de se desenvolver culturalmente, preparando-se para o exercício da cidadania e se qualificando profissionalmente para o trabalho (art. 205 da CF). Logicamente, trata-se de um direito subjetivo limitado, porque a garantia se circunscreve à "igualdade de condições para o acesso e permanência na escola"(art. 206, I, da CF). Com este objetivo, há estabelecimentos públicos oficiais em todos os níveis, onde o ensino será gratuito.

O dever do Estado, na área da educação, alcança a obrigação de prestar "atendimento educacional especializado aos portadores de deficiência, preferencialmente na rede regular de ensino"(art. 208, III, da CF) e outros ônus estatais referidos no mesmo artigo. Além disso, o ensino fundamental é obrigatório e gratuito, sendo que o não-oferecimento pelo poder público, ou sua oferta irregular, "importa responsabilidade da autoridade competente"(art. 208, §§ 1º e 2º, da CF). O constituinte, buscando viabilizar a manutenção e desenvolvimento do ensino, instrumentalizou os entes federativos, determinando que não se aplique no ensino menos do que os percentuais que fixa dos impostos arrecadados ou transferidos: dezoito por cento a União e vinte e cinco por cento os Estados Federados, os Municípios e o Distrito Federal (art. 212 da CF).

Nesta área de educação e ensino, existem outros princípios, entre os quais destacaremos três: o da liberdade de cátedra, o do pluralismo de idéias e o da gestão democrática no ensino público. Na Constituição de 1967/69, havia a garantia da "liberdade de comunicação de conhecimento no exercício do magistério, ressalvado o disposto no art. 154" (art. 176, § 3º, VII). A ressalva se referia a abusos no exercício da liberdade, se com o propósito de subversão democrática ou de corrupção. No texto da Constituição vigente (art. 206, II), não se fala, quanto à *liberdade de cátedra*, em abuso. Entretanto, contrapõe-se à liberdade de ensinar, pesquisar e divulgar, o abuso que já não é mais o objetivo de ensinar; sim de subverter ou corromper. Na Carta de 1988, por interpretação, o abuso também não é admitido. A diferença entre uma norma e a outra é que, no texto de 1967/69, havia simples retórica; na de 1988, respeito absoluto.

A liberdade de cátedra tem duplo trânsito: é a de ensinar, após pesquisar, e a de aprender. Em ambas, há utilização do princípio do *pluralismo de idéias e de concepções pedagógicas*. Nenhuma idéia ou concepção deve ser, *a priori*, entendida como preponderante. É no conjunto de idéias e concepções que o Professor saberá formar as suas e ministrar livremente a aula, sem esconder a existência de outras idéias e concepções, porque o pluralismo que se examina deve alcançar, identicamente, o aluno. Com esta compreensão, o pluralismo alcança os dois lados do ensino.

O princípio da *gestão democrática* só existe no ensino público. E mais: não se trata de princípio auto-aplicável. Nos termos constitucionais, a gestão se dará "na forma da lei" (art. 206, VI, da CF). Procedente nos parece a observação de Roberto Barcellos de Magalhães (1977, p. 328): "A chamada gestão democrática da escola inclui a participação de representantes dos corpos docente e discente na administração...Note-se que esta participação não é e nem poderia ser de caráter deliberativo, pois do contrário se estaria submetendo a escola ao risco da quebra da hierarquia..."

Outra área importante da Constituição de 1988 é a do meio ambiente. Por sinal, a atual Carta Política é a primeira que faz, da questão ambiental, tema constitucional.Vários princípios existem neste setor. Todavia, inicialmente, há necessidade de uma rápida noção do que é meio ambiente. José Afonso da Silva (1994, p. 2) tem uma noção ampla: "O meio ambiente é, assim, a interação do conjunto de elementos naturais, artificiais e culturais que propiciem o desenvolvimento equilibrado da vida em todas suas formas". É a proteção da vida do homem, da fauna, da flora, da biota em geral. A Constituição fala em "meio ambiente equilibrado", sendo "essencial à sadia qualidade de vida" (art. 225).

Na Conferência das Nações Unidas, realizada em Estocolmo em junho de 1972, editou-se Declaração do

Meio Ambiente, um apêndice à Declaração Universal dos Direitos do Homem, onde foram adotados vinte e seis princípios aplicáveis ao Direito Ambiental. A Constituição de 1988 se embasou, certamente, na Declaração de Estocolmo, uma cartilha de princípios, e fez ingressar no texto constitucional um sistema principiológico não tão amplo como na Declaração, mas suficientemente forte para enfrentar os riscos da degradação ambiental e de danos ecológicos. É o que se pode denominar de conjunto de princípios relativos ao meio ambiente.

O primeiro dos princípios constitucionais trata da titularidade dos direitos ambientais. Diz o artigo 225 da CF que *todos têm direito ao meio ambiente ecologicamente equilibrado, bem de uso comum do povo*. Este direito público subjetivo que titulariza qualquer ser humano, colocando no pólo passivo da responsabilidade pela oferta do meio ambiente o poder público e a coletividade, está calcado, a nosso sentir, no princípio nº 1 da Declaração de Estocolmo, assim redigido em sua primeira parte : "O homem tem direito fundamental à liberdade, à igualdade e a adequadas condições de vida em ambiente que lhe permita viver com dignidade e bem-estar".

O segundo princípio diz respeito ao dever do Estado e da coletividade de defender o meio ambiente, protegendo-o para as atuais e futuras gerações. É ação visando à preservação dos processos ecológicos essenciais, de restauração do que se fizer necessário ser restaurado e à responsabilização de todo aquele que venha causar degradação ambiental, exigindo-lhe a recuperação devida. Inclusive, para a efetivação dos direitos ambientais, há um princípio voltado à educação de todos: "promover a educação ambiental em todos os níveis e a conscientização pública para a preservação do meio ambiente" (art. 225, § 1º, VI, da CF).

O princípio nº 26 da Declaração de Estocolmo está assim redigido: "É necessário preservar o homem e seu meio ambiente dos efeitos das armas nucleares e de todos os outros meios de destruição em massa. Os Estados devem procurar chegar rapidamente a um acordo, nos organismos internacionais competentes, sobre a proscrição e completa destruição de tais armas". No direito interno brasileiro, a utilização da energia nuclear pode ser para fins pacíficos - "Toda atividade nuclear em território nacional somente será admitida para fins pacíficos e mediante aprovação do Congresso Nacional" (art. 21, XXIII, letra *a*, da CF). Na área do direito ambiental, erigiu-se em princípio o de que *as usinas que operem com reator nuclear deverão ter sua localização definida em lei federal, sem o que não poderão ser instaladas* (art. 225, § 6º, da CF).

Ressalta-se um aspecto para evitar errôneo entendimento, diante de confrontos apressados. De vinte e seis princípios da Declaração de Estocolmo, citaram-se somente três princípios constitucionais brasileiros, o que estaria a indicar o não-aproveitamento de vinte e três. Este pensar é equivocado e por duas razões. Os princípios constitucionais brasileiros têm um cunho mais genérico, cada um deles, principalmente o relativo à preservação do meio ambiente, englobando mais de um dos princípios da ordem internacional. Além do mais, os princípios brasileiros são específicos ao meio ambiente, não envolvendo, na área do direito ambiental, questões referentes à segregação racial, à opressão colonialista, a desenvolvimento econômico e social, à estabilidade de preços, que são referidas na Declaração de Estocolmo.

4.5. Princípios constitucionais implícitos

Tais princípios são aqueles que, com o exame conjunto do texto constitucional, são extraíveis de suas normas. Não são escritos, mas colhidos, por interpretação. Daí uma inicial dificuldade. O resultado da extração é ato interpretativo e conseqüente ao processo hermenêutico. Contudo, ao reconhecimento do resultante como princípio, vai haver dependência relativa de um dado posterior. O princípio constitucional implícito não nasce de uma só interpretação individual. Há um conjunto de interpretações que leva ao mesmo resultado e, de repente, ingressa no consenso interpretativo. É a partir deste momento que se pode falar, com certa tranqüilidade, em princípio constitucional implícito. Não se trata de um dado simplesmente numérico, em consideração à quantidade de interpretações que levam ao consenso. Deve haver, ainda, o apoio jurisprudencial. Assim, o princípio em exame é o que se exterioriza pelo ato interpretativo.

Todo princípio expressa um valor social e, no caso, acolhido, explícita ou implicitamente, pelo texto constitucional. Um dos princípios constitucionais que entendemos implícito é o do *pluralismo social*. O caminho para encontrá-lo foi seguir um *iter* interpretativo. No Preâmbulo da Constituição, fala-se em *liberdade* como valor supremo de uma *sociedade pluralista*. O ser livre numa sociedade pluralista envolve, no mínimo, a ampla opção no terreno das idéias, podendo a pessoa humana escolher, sempre com respeito ao lícito e aos bons costumes, dentre várias, a idéia ou conduta que lhe pareça a mais razoável. No texto constitucional, escreve-se um fundamento da República, a que se nomina de pluralismo político (art. 1º, V) e que não alcança a mesma abrangência do pluralismo social.

Entretanto, quando se inserem, no texto constitucional, a livre manifestação do pensamento; a liberdade de consciência e de crença com o livre exercício dos cultos religiosos; a livre expressão da atividade intelectual, artística, científica e de comunicação; e o livre exercício de qualquer trabalho (art. 5º, IV, VI, IX e XIII) - vê-se que o pluralismo tem uma extensão mais ampla que o previsto como político. Identicamente, quando se afirmam a liberdade sindical (art. 8º, V); a liberdade de cátedra (art. 206, I); a livre iniciativa (art. 170); a manifestação do pensamento, criação, expressão e informação *irrestringíveis* (art. 220) - deve-se dar ao pluralismo uma compreensão mais ilimitada. O pluralismo não se limita ao simplesmente político, é necessário se repetir.

Há consenso neste posicionamento, como se pode ver em Celso Ribeiro Bastos (1988, 1º Vol., p. 426), ao incluir no pluralismo social "o pluralismo dos sindicatos, das igrejas, das escolas e das universidades, das empresas, das organizações culturais e, enfim, de todas aquelas organizações que podem ser sempre de interesses específicos dentro do Estado...". É verdade que o pluralismo social poderia gerar o conflito ideológico, face a interesses contraditórios. Contudo, a sociedade deve ser fraterna, conforme indica o Preâmbulo, ou solidária (art. 3º, I, da CF), o que leva ao equilíbrio (José Afonso da Silva, 1990, p. 127).

O *princípio da proporcionalidade*, também princípio implícito, será examinado, com mais profundidade, no Capítulo a seguir referente à interpretação da norma constitucional. Ele serve, como qualquer outro princípio, de parâmetro no exercício hermenêutico. Por isso, para lá (item 4) remetemos o leitor. Contudo, é de se ressaltar, neste momento, que o princípio da proporcionalidade se apóia na idéia de *dar a cada um o que é seu*. Assim como no direito penal a desproporção entre a prática do crime e a sanção aplicada, sendo esta inadequada ou demasiada, leva à injustiça, no ordenamento jurídico em geral os comandos do Poder Político devem ser adequados, necessários e bem dimensionados. A administração pública, em sua atividade restritiva, deve equacionar a proporcionalidade quanto a ser necessária e adequada a restrição.

O § 3º do artigo 192 da Constituição foi entendido, conforme decisão do STF em ação direta de inconstitucionalidade, não-auto-aplicável, por carecer de lei complementar regulamentadora. Temos opinião diversa, conforme expusemos em outro livro desta coleção (*Comentários à Constituição Federal, Ordem Econômica e Financeira*, 1997, pp. 253/255). Contudo, mesmo que se entenda o parágrafo aludido não-auto-aplicável, a norma passa a se categorizar como regra programática, visto que a decisão do STF tocou-lhe a eficácia imediata e não a excluiu do ordenamento jurídico constitucional. E, no que interessa de momento, faz nascer um princípio constitucional implícito, que é a relativo a ser qualquer juro, com taxa superior a 12% ao ano, qualificado como usurário, extorsivo e, por isso, revogado qualquer diploma infraconstitucional atritante, anterior à Constituição. Se superveniente, há inconstitucionalidade.

5. *Interpretação da norma constitucional*

5.1. Ato interpretativo

As palavras, na linguagem falada ou escrita, servem para os seres humanos se comunicarem. Isto não significa dizer haver a mais completa comunicação quando as palavras são bem expressas ou bem lidas. Há fatores que prejudicam a comunicação: o fato de as palavras terem mais de um sentido semântico, ou o conjunto delas permitir compreensões dúbias, ou a intromissão pelo intérprete de uma carga silenciosa de raciocínios e idéias nem de longe pensados no momento da criação da lei, etc. Estas razões explicam porque, em matéria de interpretação, dá-se valor menor à interpretação léxica, ou gramatical. Temos não haver nenhuma erronia ao se dizer que a interpretação gramatical, quando isolada, é a mais imperfeita das interpretações.

Historicamente, a lexicológica foi a primeira das interpretações, sustentando-se na velha e arcaica jurisprudência. Além do mais é simples e desnecessita que o intérprete tenha um melhor conhecimento da técnica jurídica. É própria, quando feita isoladamente, dos atécnicos e não-especializados na matéria jurídica. Entendê-la como suficiente é entregar a obra da interpretação aos simplesmente gramáticos ou etimólogos. O que se pretende afirmar é que a utilização da interpretação gramatical, como método único ou preponderante, contém sérios riscos. A gramatical deve ser acolhida quando se a utiliza como colaboradora de outros métodos, atuando em conjunto com outros meios. A força comunicativa da palavra não pode ser descurada de todo.

Sucesso já teve, outrossim, na área da interpretação, o ditado *in claris cessat interpretatio* ou *in claris non fit interpretatio*. Na tradução: na clareza cessa, ou não se faz, interpretação. Antes de qualquer juízo crítico do aforisma, o que, no maior número de casos, ocorre é que na conclusão da clareza houve a presença, muitas vezes não sentida, do método interpretativo mais rápido, como o gramatical ou o lógico. Terminada a leitura da norma, já se a conclui clara, sem se aperceber que é resultado de um processo de interpretação mais célere. Na realidade, a alegada clareza da norma já é resultado de uma interpretação que, a nosso ver, é insuficiente. Daí a expressão moderna: *in claris non cessat interpretatio*.

Entenda-se. À primeira leitura de uma norma, chega-se a um entendimento, sem que tenha havido interpretação ou o meio utilizado foi insatisfatório. Isto é normal e deve ser visto como uma simples etapa. Após, utilizando-se de todos os elementos e métodos interpretativos, vai se desvendando o preceito e chegando a conclusões. Aí se está na etapa propriamente de interpretação. Se a conclusão a que se chegar é a mesma que a intuição levara à primeira leitura, a conclusão interpretativa está realizada. Mas, em diversos casos, a conclusão a que se chegar divergirá de intuída inicialmente. Esta deve ser abandonada, por que era provisória por satisfazer só uma das etapas da interpretação.

Vicente Ráo (1991, p. 440) ensina que "finda a interpretação gramatical, desde que não haja apurado um sentido inequívoco, imperativo, cogente, continue o intérprete o seu trabalho, socorrendo-se dos subseqüentes processos para confirmar, ou, possivelmente, aperfeiçoar, ou mesmo alterar o resultado que, de início, alcançou". Carlos Maximiliano (1979, p. 33) chama a atenção para dois aspectos, a respeito do *in claris cessat interpretatio*: o axioma, embora em latim, não tem origem no Direito Romano, e Ulpiano, na época, dizia o contrário: "embora claríssimo o édito do pretor, contudo não se deve descurar da interpretação respectiva".

Interpretar nem sempre é se utilizar, diante da norma, de um raciocínio lógico. Isto seria perfeitamente adequado se o mesmo raciocínio tivesse sido usado pelo redator do preceito. A diferença de raciocínio entre ambos levará o intérprete certamente ao equívoco. Por isso, inaceitável a parêmia do *a contrario sensu*, meio já utilizado com grande sucesso no passado e, hoje, rejeitado pela doutrina e intérpretes. O se afirmar positivamente um fato não significa dizer que se está afastando todos os fatos que lhe são contrários. O legislador, quando cria e normatiza uma situação fática, não está, só por isso, normatizando em sentido oposto referentemente aos fatos diferentes. Esta conclusão obedece à lógica mais adequada.

Em tese, o legislador tem uma idéia e uma pretensão quando redige uma norma. Daí, o pensamento inicial de que é deveras importante à interpretação buscar o que seria o pretendido pelo legislador e que a doutrina hermenêutica passou a denominar como *mens legislatoris*. Este dado interpretativo, quando se puder alcançá-lo, é um elemento a mais, não dispensável, mas não o mais importante ou definitivo. Se se tratasse de um só legislador, e não de várias pessoas manifestando o seu apoiamento à redação original, a *mens legislatoris* teria mais força. Porém, quando é manifestação de um conjunto de vontades, a situação torna-se mais difícil. Porque, no ato de aprovação, cada votante tem sua intenção específica que, necessariamente, não se coaduna com a dos demais. Basta lembrar os acordos parlamentares que têm por objeto a aprovação de normatividades plurais.

Mesmo quando se trata de legislador único a aprovar a norma, a intenção do legislador nem sempre é detectada. Não é possível confundir o preceito da norma com os motivos e intenções que levaram à sua redação. Ao redigir a norma, o legislador, inclusive, pode ter tido uma intenção que, com a passagem do tempo, se alterou e, quando editada, já ser outra. Insustentável se afirmar o efeito paramétrico de uma intenção, que é difícil de ser encontrada. Este é um dado do problema. Outro é que nenhuma vinculação tem o intérprete com as intenções do legislador, principalmente considerando as circunstâncias alterantes da passagem do tempo.

Com efeito. A norma criada não tem vida isolada nem conteúdo estável para todo sempre. Ela ingressará, necessariamente, num ordenamento jurídico maior, com o qual deverá haver conformação. Tudo termina por ficar dentro de um sistema. Além do mais, a norma sempre sofrerá influência de valores sociais e outras interações a ela, materialmente, estranhas. Isto é explicável pela circunstância de que a interpretação que se deu à mesma norma no início do Século não será, necessariamente, a mesma de hoje. Estamos, portanto, diante de outro dado, o da *mens legis*. A própria norma tem, insitamente, uma idéia e uma intenção que se alteram, axiologicamente, com os novos valores que passam a se integrar na sociedade.

Por fim, alguns intérpretes costumam se utilizar de ditados em latim para sustentar seus métodos interpretativos. Uma parêmia em latim tem uma aparente maior força que outra em língua nativa. É a mágica do latim, que inspira maior confiança porque, de um lado, se supõe ser antiga e ter sido vitoriosa com o passar dos tempos, e, de outro lado, seria sinal de cultura. É de se precaver contra este vírus interpretativo. O que foi preceituado no distante direito romano sofreu influência de valores de sua época que não são, ou podem não ser, os mesmos de hoje. A mesma precaução deve-se ter quando se pretende embasar interpretações de textos constitucionais com o direito constitucional comparado, que pode se apoiar em realidade sociojurídica diferenciada.

Feitas todas estas observações para se limpar de riscos e equívocos a área da interpretação, há uma indagação: o que é interpretar? Em tese, seria o ato de extrair de uma norma o seu conteúdo, ou valor normativo, necessário à vida sociojurídica. É uma obra equiparável à de garimpo. Busca-se, no preceito em interpretação, o valor que ele pretende emprestar ao ordenamento jurídico, em todas suas nuances e efeitos. Interpretar não é criar; é fazer brotar o que está *dentro* da norma. Desta maneira, cumpre-se a finalidade de dar concretude ao que, então, era sabidamente de efeito generalizado.

Compreenda-se. A norma jurídica, por natureza, é feita para a generalidade dos seres humanos. Não é da função legislativa fazer leis, direcionando-as a determinada pessoa, pessoalizando-as. Ou têm como destinatário a generalidade das pessoas ou um conjunto delas. Ao Judiciário cabe, para aplicação da lei, buscar os dados necessários à incidência concreta, a uma determinada pessoa. O intérprete tem que realizar este trabalho, partindo do preceito genérico para a sua compreensão concreta. Daí, o que se afirma ser o ato de interpretação: extrair-se da norma o comando do que nela se encontra para, concretizando seus valores, alcançar o pretendido conteúdo. Para tanto, há instrumental científico a ser utilizado.

5.2. Métodos utilizáveis

Fala-se, na área da interpretação, no método *teleológico*, isto é, finalístico. A lei deve ser interpretada, norma por norma, considerando seus fins e o bem comum. Este é o método indicado pelo artigo 5º da Lei de Introdução ao Código Civil (Decreto-Lei nº 4.657, de 4.9.42): "Na aplicação da lei, o juiz atenderá aos fins sociais a que ela se dirige e às exigências do bem comum". Em termos de interpretação de leis infraconstitucionais, nenhuma dúvida na utilização do método exposto no referido artigo 5º. Mas se tratando de norma constitucional, pode-se fazer uma pergunta: face à hierarquia das leis, reconhecida a supremacia da lei constitucional sobre a subconstitucional, se poderia pensar em interpretação da norma constitucional a partir de uma regra infraconstitucional?

Tecnicamente, esta impossibilidade existe. Mas o problema não se encerra. A Constituição, como qualquer outra lei, objetiva finalidades. Ela não existe por existir. Tem fundamentos e objetivos fundamentais. É fácil se concluir que o texto constitucional é finalístico. A não-aplicação do método teleológico, porque inserido no artigo 5º da LICC, conduziria a uma situação estranha. O artigo 5º da lei hierarquicamente inferior teria a força de excludência, ou de veto, do método finalístico na Constituição, composto de normas hierarquicamente superiores. O artigo 5º não é aplicável. Contudo, por que o método teleológico, que se encontra *dentro* da Constituição, princípio por ela revelado, não se aplicaria? A resposta é afirmativa, por ser o método teleológico incidente.

O método *histórico-teleológico*, mais completo, busca pesquisar toda a história da lei a ser interpretada, a se iniciar com o projeto até sua aprovação e publicação. Acrescenta a investigação para examinar as circunstâncias políticas, econômicas e sociais durante a feitura da lei e outros dados vinculados à sua origem. Com base em todo este conjunto de elementos, ainda insuficientes para uma conclusão interpretativa, incursiona a respeito das finalidades da lei interpretada, acerca de seus fins sociais. Este método interpretativo é adequável ao que apontamos como método teleológico.

O fim social que interessa é o enquadrado constitucionalmente e adequável ao Texto Maior. O bem-estar da pessoa humana, a erradicação da pobreza e da marginalização, etc. (art. 3º da CF) são objetivos fundamentais da República brasileira. Tais finalidades devem ser alcançadas, mesmo que suas normas possam ser atendidas como programáticas. Na área da interpretação, é instrumento utilizável a título de método teleológico. Na verdade, a conformação da norma constitucional interpretada às finalidades expressas, ou não, do texto constitucional, é forma, identicamente, de interpretação globalizada.

Podem ser inseridos, aqui, no método finalístico, dois elementos ajurídicos - o *político* e o *econômico*. Por detrás da Federação, República, Democracia, separação dos Poderes, etc., há toda uma evolução e configuração políticas que devem participar, influenciando, no momento da interpretação. Não se pode encontrar o conteúdo de uma norma jurídica pensando-se em Estado unitário, monarquia e outras idéias políticas afastadas da realidade brasileira. A Constituição é um conjunto harmônico; não normatividades que se contradigam ou se antagonizem. O elemento político, de caráter ideológico, é dado interpretativo.

No Título VII da Constituição, em seu Capítulo I (arts. 170 a 181), há a utilização de termos categorizáveis como econômicos: livre iniciativa, livre concorrência, dominação dos mercados, etc. que trazem, para o texto constitucional, formulações econômicas traduzidas pela vivência e experiência na atividade econômica. Em qualquer interpretação, as nuances e os entendimentos econômicos devem ser considerados. Chama-se a atenção, porém, que tantos os elementos econômicos como os políticos atuam na interpretação, mas limitadamente.

Jamais serão mais importantes ou decisivos, se contrários aos elementos jurídicos postos na Constituição.

O *método sistemático*, ou *sistêmico*, parte de uma idéia central. Nenhuma norma jurídica tem existência isolada. Embora normas constitucionais articuladas, o importante é o conjunto, a normatividade como um todo. Cada uma delas é parte do todo relativo ao texto constitucional. Elas sempre serão preceitos dentro de um conjunto preceptivo - que é a lei formalmente integral - que, por sua vez, é parte integrante do ordenamento jurídico do país. Em termos constitucionais, a norma constitucional, vista substancialmente, faz parte de todo um arcabouço que é a Constituição em si. Antes que uma interpretação isolada de uma norma constitucional, deve-se buscar uma interpretação que se harmonize com as demais normas existentes. Interpretação globalizada, e não setorizada. O elemento básico é o todo da Constituição, que representa um sistema, contra o qual nenhuma norma, constitucional ou não, pode conflitar. Na hermenêutica moderna, a interpretação sistêmica é a mais técnica de todas.

Paulo Bonavides (*op. cit.*, pp. 405/412) elenca três métodos interpretativos: o lógico-sistemático, o histórico-teleológico e o voluntarista. O histórico-teleológico já foi examinado anteriormente; o voluntarista será examinado mais adiante; o lógico-sistemático, assim o explica: "A interpretação começa naturalmente onde se concebe a norma como parte de um sistema - a ordem jurídica, que compõe um todo ou unidade objetiva, única a emprestar-lhe o verdadeiro sentido, impossível de obter-se se o considerássemos insulada, individualizada, fora, portanto, do contexto das leis e das conexões lógicas do sistema". Feita a devida comparação, se identifica como o método sistêmico por nós referido.

Os métodos examinados até agora - sistêmico e teleológico - oferecem instrumentos que, usáveis, levam a uma única, certa e correta solução interpretativa.

Satisfeito o *iter* interpretativo, chega-se a um único resultado, que é o correspondente ao efetivo conteúdo da norma, A Escola de Viena, sendo Kelsen um de seus mais ilustres seguidores, tem orientação diversa, sustentando que, após a interpretação, pode-se chegar a um número plural de resultados, todos eles corretos, qualificados de certos. O intérprete, diante desta pluralidade de conteúdos, ao escolher um e aplicá-lo, está se utilizando da interpretação *voluntarista*. A ele se apresentam várias soluções, todas respeitáveis e conformes o texto interpretado. A opção por uma delas dá o resultado interpretativo.

As interpretações já utilizadas são intelectivas, crendo-se que, realizadas as operações intelectuais oferecidas pelos métodos, o intérprete é levado a uma única resultante correta. A divergência interpretativa estaria em dois ou mais intérpretes chegarem a resultado diferente porque um deles se utilizou imperfeitamente dos métodos. A teoria voluntarista se orienta diferentemente. O uso dos métodos interpretativos é que leva a várias interpretações, mesmo que seja um único intérprete. Este, porém, diante das opções, opta por uma. Exerce, aí, simples ato de vontade. A interpretação voluntarista seria, portanto, a utilização, em primeira etapa, do intelectivo e, após, da vontade. Diferente da escola livre do direito, que não tem a etapa inicial.

A teoria voluntarista é sedutora. Principalmente quando se sabe que, nas interpretações, sempre há um componente subjetivo. Entretanto, a forte influência do subjetivismo que leva ao resultado do processo interpretativo não significa simples vontade do intérprete nem que apareçam, em conseqüência, várias soluções. É conclusão interpretativa única com alta dose de motivação subjetiva, até inconsciente. O voluntarismo é, a nosso ver, incompatível com nosso sistema judiciário, porque traria problemas sérios em julgamentos de processos, colocando o direito das partes dependente da vontade do julgador, o que reduz a eficácia de qualquer direito subjetivo.

Saliente-se, porém, que a adoção de um método de interpretação - excluído o voluntarista - não deve significar a renúncia de outro. O fato de escolher o método sistemático não afasta o teleológico, ou vice-versa. O correto, a nosso sentir, é se adotar, como se fossem complementares, os dois métodos, porque a extração do conteúdo do preceito constitucional terá mais exatidão. Daí não se ver qualquer pecadilho, desde que utilizados como meios de colaboração, e não como principais, na utilização de elementos históricos, de anais legislativos ou outras fontes que existam, até do direito comparado. Mas se enfatiza que são instrumentos de colaboração, secundários, utilizados com precaução.

5.3. Pensamento tópico

O ato de interpretar, como já visto, tem seus métodos. O *iter* interpretativo, porém, não é tão simples a ponto de, usando exclusivamente os métodos, chegar-se exitosamente ao resultado final. Se fosse somente isto, a confecção de um específico programa de computador poderia ser utilizado, bastando alimentar a máquina com os informes necessários. Não se pode descurar a função intelectiva exercida pelo intérprete. Com toda intrumentalização usada, há formação de raciocínios, de contrariedades, de ajustes, etc., para, a final, com todo empenho exercido, concluir-se pelo conteúdo normativo pesquisado. Neste item, busca-se dar um retrato, ou configuração, do processo intelectivo exercido pelo intérprete. A interpretação, inclusive, é amplamente aceitável quando conforme, em todas as suas linhas, com o ordenamento jurídico do país e com os valores sociais do agrupamento humano específico.

Theodor Viehweg (1979, p. 42) diz que "também neste ponto o modo de pensar tópico presta um auxílio muito valioso sob a forma de *interpretação*. Com ela, abrem-se novas possibilidades de entendimento melhor, sem lesar as antigas". Mas o que é *tópica*, que se define como uma técnica de pensar através de problemas? Trata-se de uma técnica já conhecida dos antigos. Aristóteles já falava nela, tendo texto a respeito. Identicamente, Cícero. A realidade, porém, é que, com a passagem do tempo, a matéria foi sendo olvidada, deixada de lado, ficando esquecida e indiscutida nos bancos acadêmicos e nos estudos da ciência jurídica.

O escritor alemão, que era professor emérito da Universidade Gutemberg de Mainz, Alemanha, defendeu tese no concurso de livre-docência da Universidade de München, publicando, posteriormente, sua tese, em 1953, ressuscitando o tema, sob o título de *Tópica e Jurisprudência* - esta no sentido de Ciência do Direito. A idéia passou a vingar, novamente, e, a nosso sentir, com grande utilidade para o processo de interpretação. Contudo, é de se ressaltar que a compreensão mais exata do que se tem por tópica e sua importância no processo hermenêutico passam, necessariamente, pelo que se entende por *topoi*.

São os *topoi*, em linhas gerais, premissas admitidas anteriormente ao ato de interpretação, que se afiguram como básicas, aceitas por todos, e, por isso, utilizáveis durante o ato de interpretar. São proposições que, como premissas, se têm como verdadeiras, verossímeis, etc.e que auxiliam para resolver os problemas nascidos do processo interpretativo. Observa-se que, em todo processo intelectivo com vista à interpretação, há suscitação de diversos problemas que, não resolvidos, impedem a conclusão interpretativa. Os *topoi* colaboram com a solução dos problemas e mostram "a dimensão dentro da qual alguém se move sem poder abandoná-la, se não quer perder este entendimento comum que torna a prova possível" (*op. cit.*, pág. 41).

Em qualquer investigação das denominadas ciências exatas ou naturais, não se começa do nada. Há uma série de verdades que já se têm como devidamente comprovadas e indiscutíveis. Este conjunto de conhecimentos não é novamente investigado. Já existe e é a partir dele que a nova investigação se dá. É todo um conjunto de axiomas e de conceitos já definitizados. Por exemplo, a existência da lei de gravidade, a mortalidade do homem, etc. Nas ciências humanas ou de espírito, estas verdades axiomáticas inexistem. A utilização e apoio se realizam através dos *topoi*. Premissas aceitas pela comunidade; não propriamente axiomas, mas admitidas por, presumivelmente, verdadeiras num determinado momento.

Os *topoi* não têm a estabilidade das verdades axiomáticas. São premissas aceitas, desde que conformes com os valores atuais de uma sociedade. Mas, diante de novos valores que apareçam, sempre há possibilidades de alteração, o que se dá, normalmente, de tempos em tempos distanciados. São *topoi*, por exemplo, o *dar a cada um o que é seu, o não locupletamento sem causa, a autonomia da vontade*, com o temperamento atual do dirigismo contratual, etc. Verdades aceitas que desnecessitam de serem argumentadas, mas servem de argumentação no pensar tópico, para resolver os problemas que apareçam.

A *tópica*, como já se enfatizou, é uma técnica de pensamento orientada para o problema, isto é, uma ou mais questões suscitadas pelo intérprete que pode ter, cada uma delas, duas ou mais respostas, ou soluções. A necessidade de se optar por uma única resposta, para prosseguimento ou finalização da interpretação, é que justifica a existência dos *topoi*. Estes já são argumentações sem necessidade de melhor fundamentação. Eles servem, como premissas aceitas pela coletividade e, por isso, presumivelmente verdadeiras, para respostas aos problemas que surgem. Theodor Viehweg (*op. cit.*, pp. 33 e 38) acentua, explicitando sua tese, que "todo problema objetivo e concreto provoca claramente um jogo de suscitações, que se denomina tópica" e que os *topoi* "devem ser entendidos de um modo funcional, como possibilidades de orientação e como fios condutores do pensamento".

Na verdade, a utilização da tópica, na interpretação da norma constitucional, é mais comum do que se pode pensar. A interpretação sistemática, que se apóia nos princípios advindos do Texto Supremo, é espécie de interpretação em que são utilizados *topoi* - os princípios constitucionais - para solução dos problemas que se façam presentes no curso do processo hermenêutico. Daí, a tópica não é método de interpretação. É um meio de averiguação e de solução de problemas, forma mais intensa de busca da verdade. É regramento condutor do pensamento humano com direcionamento, no específico tema em exame, ao intérprete no ato da interpretação.

5.4. Princípio da proporcionalidade

Nos últimos cinqüenta anos, em vários países da Europa (Alemanha, Suíça, França, Itália, etc.), vêm se produzindo estudos e aperfeiçoamentos acerca do denominado princípio da proporcionalidade. Inicialmente, com forte atuação no Direito Administrativo, para, mais adiante, emigrar em direção à área do Direito Constitucional. Houve, no começo, alguma discussão a respeito da natureza deste princípio, tendo quem lhe desse a qualificação de princípio geral de direito. Mais próximo aos dias de hoje, passa-se a entendê-lo como princípio de interpretação. Esta caracterização moderna é que, antes de qualquer exposição acerca de sua compreensão e categorização jurídicas, conduz a eleição do tema como item referente à interpretação da norma constitucional.

O princípio nasce, exemplificadamente, da seguinte situação. Alguém é titular de um direito e pode exercê-lo não de forma absoluta, porque, ultrapassado determinado limite, não há o exercício em dimensão socialmente correta. Restrições podem e são editadas pelo Poder Público, mas as restrições também não podem ter a natureza de absolutas. Devem seguir, identicamente, limitações razoáveis. Primeiramente, se há indispensabilidade da medida restritiva; segundo, se a restrição prevista possui adequabilidade para a hipótese; e, por fim, se a utilização dos meios restritivos é medida bem dimensionada. A exigência destes três elementos garante a validade da restrição, configurando-se, então, o princípio da proporcionalidade. Inexistente qualquer destes qualificativos, a restrição ingressa na área do arbítrio.

Com efeito, o princípio da proporcionalidade nada mais é que uma adequada e razoável relação entre os fins determinados numa norma e os meios previstos para seu correto exercício, de tal maneira que, quebrada a proporcionalidade entre os fins e os meios, há o arbítrio estatal. O princípio da proporcionalidade, assim, objetiva o controle, fiscalização e obstáculo à ocorrência dos meios excessivos e abusivos. Nos estudos feitos, encontraram-se o que seriam subprincípios - na realidade, elementos integrantes do princípio geral: medida pertinente, necessária e com meios suficientes. Afora isto, o que há é excesso do Estado.

Nos estudos efetuados na Europa, concluiu-se que o princípio da proporcionalidade está vinculado ao Estado de Direito e se integra ao texto constitucional, mesmo que nele não inscrito. Esta constatação, por si só, não garante que, na Carta Política brasileira vigente, o mesmo ocorra. Certo é que, de seu texto, não há explicitude. Nenhuma norma constitucional determina, expressamente, a aplicação do princípio da proporcionalidade. É necessário, porém, se dizer que a simples omissão a respeito não leva à conclusão nenhuma. O fato de os princípios constitucionais poderem ser expressos não significa que não possam ser implícitos. Ao contrário, vários princípios constitucionais não são escritos, mas resultam do exame lógico das diversas normas contidas no Texto Maior . Nada impede que, por isso, o princípio da proporcionalidade seja implícito.

Para que se admita, no direito constitucional brasileiro, um princípio implícito, duas circunstâncias devem se fazer presentes. A primeira é não haver norma expressa em sentido contrário. Resulta do óbvio se entender que, existindo preceito explícito que diga que o princípio da proporcionalidade não incide, não há que se concluir pela sua existência implícita. A incompatibilidade seria por demais evidente. Este dado que estabeleceria a incompatibilidade inexiste na Lei Maior. A segunda circunstância é a de que as normas existentes no texto constitucional se compatibilizem com a proporcionalidade de que se trata.

A afirmação do princípio da proporcionalidade é impedimento à ocorrência do arbítrio, ou do excesso. A Constituição, no Preâmbulo, elege a *justiça* como um dos valores supremos da sociedade. No artigo 3º, I, da CF, um dos objetivos fundamentais da República é que se construa uma sociedade livre, solidária e *justa*. Colhe-se da compreensão de justiça como valor social (*dar a cada um o que é seu*), ou do fato da sociedade brasileira dever ser justa, que estas circunstâncias rejeitam o arbítrio, o que equivale dizer que se compatibilizam com o princípio da proporcionalidade.

O artigo 36 da CF, outrossim, trata da intervenção federal. No seu parágrafo 3º diz que, nas hipóteses que indica, "o decreto limitar-se-á a suspender a execução do ato impugnado, *se essa medida bastar ao restabelecimento da normalidade*" (os grifos são nossos). Vê-se, neste parágrafo, a presença atuante da proporcionalidade, visto que a medida preconizada se limita por ser pertinente, adequada à hipótese e com a dimensão proporcionalizada. O mesmo se observa no artigo 37, IX, da CF, em que a medida se vincula ao fim da norma, adotando o critério da necessidade.

O tema relativo ao princípio da proporcionalidade não tem freqüência nos livros de Direito Constitucional de língua nacional. Um dos autores que o examina é Paulo Bonavides (*op. cit.*, p. 397): "Poder-se-á enfim dizer, a esta altura, que o princípio da proporcionalidade é hoje axioma do Direito Constitucional, corolário da constitucionalidade e cânone do Estado de direito, bem como regra que tolhe a ação ilimitada do poder do Estado no quadro da juridicidade de cada sistema legítimo de autoridade. A ele não poderia ficar estranho, pois, o Direito Constitucional brasileiro. Sendo, como é, princípio que embarga o próprio alargamento dos limites do Estado ao legislar sobre matéria que abrange direta ou indiretamente o exercício da liberdade e dos direitos fundamentais, mister se faz proclamar a força cogente de sua normatividade".

Celso Antonio Bandeira de Mello (*op. cit.*, p. 56), ao tratar no Capítulo II dos *Princípios Constitucionais do Direito Administrativo Brasileiro*, elenca um deles como sendo o *princípio da proporcionalidade*, assim o definindo: "Este princípio enuncia a idéia - singela, aliás, conquanto freqüentemente desconsiderada - de que as conseqüências administrativas só podem ser *validamente* exercidas na *extensão* e *intensidade* proporcionais ao que seja realmente demandado para cumprimento da finalidade de interesse público a que estão atreladas".

Adiciona-se, por fim, na área da interpretação, a caracterização do princípio da proporcionalidade como dado paramétrico. Atua como elemento importante e superior na interpretação das normas jurídicas, quer as constitucionais, quer as infraconstitucionais. Quanto àquelas, é dado a ser levado em conta no método sistêmico, enquanto, no referente às subconstitucionais, deve-se considerar que o princípio é constitucional, e as leis hierarquicamente inferiores a ele devem se conformar.

5.5. Lacunas

Limitada a hipótese ao ordenamento jurídico infraconstitucional, havendo omissão da lei para se aplicar a determinada situação de fato levada a julgamento pelo Judiciário, qual a solução possível? Nenhuma omissão pode levar o Julgador a não se pronunciar, abstendo-se de decidir a causa (art. 126 do CPC). Diante desta necessidade de definir o conflito entre as partes, a Lei de Introdução ao Código Civil dispõe que "quando a lei for omissa, o juiz decidirá o caso de acordo com a analogia, os costumes e os princípios gerais de direito" (art. 4º), indicações também constantes do artigo 126 do CPC. É uma orientação. Poder-se-ia pensar, ainda, numa priorização entre os elementos indicados - analogia, costumes e princípios gerais de direito. Qual deles será, com preferência, o escolhido, ficando os demais para serem aplicados na não-possibilidade de aplicação do prioritário?

Pensamos, em primeiro plano, que a norma costumeira é a preferencial. Atendidos os elementos próprios para eficácia da norma do costume - que é o uso uniforme, constante e geral, o elemento externo, e a sua necessidade e conseqüente obrigatoriedade, elemento interno -, na verdade, há omissão da lei positiva, mas não há omissão no ordenamento jurídico. Trata-se de costume *praeter legem*, cuja eficácia aparece pela omissão da lei escrita. O Juiz não pode, nesta hipótese, entender que haja lacuna jurídica; o que há é lacuna no direito positivo, preenchível pela norma costumeira. Somente inexistindo também norma costumeira é que se tem que priorizar entre a analogia e os princípios gerais de direito, porque, aí sim, a omissão, no ordenamento jurídico, é completa, a exigir outras soluções.

Temos para nós que a analogia - igualdade de tratamento para as situações semelhantes - responde, mais intensamente, à normatividade existente. Não se está criando um preceito para a omissão que entre em conflito com valores utilizados pelo legislador. A semelhança entre eles conforta a aplicação analógica. Vicente Ráo (*op. cit.*, p. 462), ao examinar o problema e tratar das investigações analógica e principiológica, afiança que "se nem a norma positiva de direito legal ou costumeira, examinada segundo todos os processos de interpretação, nem a analogia fornecerem a regra aplicável à situação de fato, cumpre, então, ao intérprete, abrir o caminho da investigação, dentro da esfera dos princípios gerais de direito". Sem dúvida, a prioridade está evidenciada: lança-se mão, inicialmente, da analogia.

Entrando-se na área do direito constitucional, passa à frente de qualquer outra discussão, o exame da existência, ou não, em texto constitucional, de qualquer omissão. Seria possível detectar omissão num regramento constitucional, justificando-se o exame da suscetibilidade da incidência da aplicação analógica? Celso Ribeiro Bastos (1988, 1º v., pp. 358/359) admite a existência de lacuna no direito constitucional, mas "é preciso sempre ficar claro que se trata de uma efetiva lacuna e não de uma mera omissão constitucional, por vezes até desejada pelo Constituinte".

A resposta não pode ser dada sem distinguir hipóteses. No Brasil, toda norma jurídica localizada em texto constitucional é norma jurídica constitucional. Seja ou não de substância constitucional, constitucional é. O dado ontológico, que separa normas constitucionais quanto à matéria e normas constitucionais pela localização, não tem interesse na categorização de uma norma como constitucional. Mas há uma realidade de que não se pode fugir. Há normas constitucionais que só podem estar dentro de um texto constitucional - por ontologicamente constitucionais - e outras que só são constitucionais porque o Constituinte assim quis.

As normas que *só* seriam constitucionais se o Constituinte lhes desse esta categorização ao fazê-las ingressar no texto constitucional, jamais podem configurar, inexistindo, uma omissão constitucional. A afirmação se baseia na lógica. Se não constam do texto da Constituição, é porque o Constituinte não deu a elas a natureza de constitucional e se àquelas a que deu este significado deixou-as incompletas, a categorização de constitucional foi só na parte expressa. Quanto às normatividades estranhas à matéria ontologicamente constitucional, pode haver omissão no ordenamento jurídico subconstitucional, mas não omissão, ou lacuna, no texto constitucional. Para estas, a normatividade lacunosa é infraconstitucional e tem solução no artigo 4º da LICC.

Aquelas normas que se enchem de matéria constitucional, ontologicamente constitucionais, se faltantes no Texto Maior, geram lacuna, ou omissão? Por exemplo, questões de estruturação do Estado, de separação de Poderes, de atribuições e competência de cada um deles, de inelegibilidades, etc. são materialmente constitucionais. *Devem* fazer parte da Lei Maior. Nela não constando, nem autorização para lei complementar dispor, o legislador subconstitucional não pode delas tratar. Somam-se aqui dois dados importantes: são normatividades insitamente constitucionais e, necessariamente, devem estar presentes na Carta Política. A questão que se estabelece é se não se trataria de lacuna constitucional, havendo omissão no ordenamento supremo? Certamente, sim. Diante da lacuna admitida, pode haver aplicação analógica? Com base no artigo 4º da LICC, não. É saliente a idéia nascida e formada do princípio de hierarquia das leis e da circunstância de que um texto constitucional é o início de todo e qualquer ordenamento jurídico. Como conseqüência, o texto constitucional não pode ser interpretado ou executado a partir da orientação de texto infraconstitucional, a não ser que a própria Constituição dissesse, como nas normas constitucionais de eficácia dependente de complementação ou de eficácia reduzida. O artigo 4º da LICC, que serve à normatividade subconstitucional, é imprestável para as questões constitucionais.

Inaplicável o referido artigo 4º, nem, por isso, a matéria lacunosa fica sem solução. Acentue-se, inicialmente, que a omissão necessita de preenchimento que o legislador ordinário, por não possuir poder constituinte, não pode prover. Por esta razão, como prover por analogia com base em lei infraconstitucional, embora o enchimento da lacuna seja essencial? Como se verá abaixo, há forma de preenchimento do vazio. Contudo, deve se considerar a observação feita por Carlos Maximiliano (*op. cit.*, p. 304): "A técnica da interpretação muda, desde que se passa das disposições ordinárias para as constitucionais, de alcance mais amplo, por sua própria natureza e em virtude do objetivo colimado redigidas de modo sintético, em termos gerais".

Para preenchimento do vazio constitucional, que se demonstra essencial, a técnica interpretativa vai da analogia - difícil de se alcançar porque a solução por fato análogo deve ser extraída do próprio texto constitucional - até a investigação principiológica. Reafirma-se que a Constituição, composta de normas articuladas, vale pelo seu todo harmônico, de onde são extraídos o sistema e uma série de princípios. A utilização destes regramentos básicos é que vai levar ao conteúdo que se colocará na lacuna, resolvendo-a.

6. *Outras questões pertinentes*

6.1. Início de vigência

A Constituição de 1934 (art. 26 do Ato de Disposições Transitórias) normatizava, expressamente, que seu texto "entrará em vigor na data de sua publicação". A Constituição de 1937 tinha o artigo 187: "Esta Constituição entrará em vigor na sua data...". A Constituição de 1946 ditava a entrada em vigor "na data de sua publicação"(art. 218). Os textos constitucionais de 1824 e de 1891 silenciavam a respeito. Nada impede, porém, que a Constituição, de modo expresso, fixe dia determinado para o início da vigência do texto constitucional, utilizando-se de uma espécie de *vacatio legis*, diferindo para mais adiante a data da entrada em vigor de seu texto. O fato de ser, ou poder ser, incomum tal prática não significa que seja juridicamente impossível. Aqui e em outros temas, deve preponderar a idéia de que os Constituintes são livres para dispor como entender de mais conveniência.

O Brasil conheceu Constituições que se submeteram à *vacatio legis constitucionalis* ou, elipticamente, *vacatio constitutionis*. A Constituição de 1967, datada de 24 de janeiro de 1967, dizia em seu artigo 189 que "entrará em vigor no dia 15 de março de 1967". Identicamente, a

Emenda Constitucional nº 1, de 17 de outubro de 1969, que resultou na denominada Constituição de 1969, só entrou em vigor "no dia 30 de outubro de 1969" (art. 2º da EC). A Constituição de 1988 mantém, acerca da data da vigência, completo silêncio. Não dispõe expressamente sobre um período de vacância nem define a entrada em vigor para a data de sua publicação, promulgação ou qualquer outro fato ou ato. Diante desta omissão, indaga-se. A Constituição ora em vigor teve seu início de vigência quando? É a questão a enfrentar.

Diante da omissão do texto constitucional de 1988 e a possibilidade de haver, quanto às regras constitucionais, uma *vacatio constitutionis*, poder-se-ia pensar na incidência do artigo 1º da Lei de Introdução ao Código Civil que, na verdade, é uma lei de introdução a todas as leis? A redação do referido artigo 1º do Dec.- Lei nº 4.657, de 4 de setembro de 1942, é a seguinte: "Salvo disposição contrária, a lei começa a vigorar em todo país quarenta e cinco dias depois de oficialmente publicada". A incidência desta norma à constatação do início de vigência da Constituição se atrita, indiretamente, com o princípio de hierarquia das leis. O texto constitucional serve de parâmetro para a compreensão das leis infraconstitucionais, mas estas não servem para a compreensão daquele.

Há outro argumento mais técnico. Uma Constituição, além de estruturar e organizar o Estado, é o início normativo do Estado. Antes da Constituição não existe outra qualquer norma infraconstitucional. Toda legislação subconstitucional anterior precisa renovar sua validade diante do novo Texto Maior. A validade que tinha diante do texto constitucional anterior deve ser reafirmada ante o novo texto constitucional. A este fenômeno se denomina de *recepção constitucional*. Assim, uma lei infraconstitucional, antes de ser recepcionada pela Lei Magna nova - o que pressupõe a sua vigência já iniciada -, não pode incidir para servir de dado paramétrico à afirmação do dia de vigência do mexmo texto constitucional, que renovará sua validade. Antes de ser recepcionada, a lei infraconstitucional não tem aplicabilidade.

Estamos trabalhando com momentos distintos, quando muito concomitantes. Não há um processo de exteriorização que levará à revalidação. Tudo se dará no mundo do confronto de normas constitucionais e infraconstitucionais, que só levará à declaração expressa se houver oposição ao ato de recepção ou dúvida. Com este entendimento, a recepção se dará sempre *após*, um mínimo de tempo após, a entrada em vigor da Constituição, ou, na melhor das hipóteses, junto com a entrada em vigor do texto constitucional, que é o pressuposto básico para que haja a recepção. A dificuldade de superar esta questão de tempo - uma lei ainda não recepcionada servir para dar eficácia às normas que vão recepcioná-la - afasta da questão da vigência constitucional o artigo 1º da LICC.

A Constituição de 1988 independe, para sua entrada em vigor, de qualquer ratificação ou consulta popular, na forma de referendo ou plebiscito. Por isso, o elemento básico para o início de sua vigência só pode ser a data de sua assinatura, a de sua promulgação ou de sua publicação. A Constituição de 1937 optou, explicitamente, pela data de sua assinatura. As Constituições de 1934 e de 1946 foram expressas quanto à data de sua publicação. A diferença com o texto constitucional em vigor é que este se omitiu a respeito. O importante é que se saiba o que qualquer um destes elementos - data da assinatura, data da promulgação e data da publicação - significa juridicamente para, em conseqüência desta compreensão, chegar-se a algumas conclusões.

A *data da assinatura* é simples constatação fática que pode representar, no futuro, um fato histórico importante. Juridicamente não tem qualquer significado, a não ser quando o próprio texto constitucional a elege para início da vigência. Afora esta explicitude, a data da assinatura nada acrescenta a qualquer normatividade.

As normas, pela simples data de assinatura, não adquirem qualquer eficácia que já não tenham. A declaração da existência das normas e se agregar a elas o efeito de serem aplicáveis e obrigatórias não nascem da data da assinatura. O efeito de iniciar a vigência, por isso, nada tem a ver com a assinatura e a sua data. Só na hipótese - e não é o caso que examinamos - em que o próprio texto constitucional, expressamente, acrescenta à data da assinatura o efeito de início da vigência de seu texto, é que tem relevância jurídica pelo simples fato de firmar um termo inicial.

A *promulgação* tem significação jurídica, porque produz efeitos relevantes às normas jurídicas em geral, inclusive às constitucionais. Da promulgação se irradiam duas conseqüências básicas: a) é declaração de existência da norma e, na hipótese, da existência do repositório normativo da Constituição; b) agrega-se às normas a qualidade de executoriedade. Pontes de Miranda (*op. cit.*, p. 177) diz que a promulgação "constitui mera atestação da existência da lei e a proclamação de sua executoriedade". Pode-se acrescentar uma terceira conseqüência: a promulgação, quando se trata de lei infraconstitucional, é afirmativa de sua validade, de estar conforme o regramento constitucional.

O objetivo da *publicação* é outro. É levar ao conhecimento de todos, *erga omnes*, de que houve o ato de promulgação. Pontes de Miranda (*op. cit.*, p. 177) faz a diferença: "*Promulgação* é pressuposto de existência; *publicação*, pressuposto de eficácia". Michel Temer (*op. cit.*, p. 136), após afirmar o objetivo da comunicação a todos da publicação, acrescenta que esta "busca, também, marcar o momento em que o cumprimento da lei passa a ser exigido". Com esta compreensão, não temos dúvida em afirmar, face ao silêncio do texto constitucional de 1988, que o início de sua vigência se deu com sua publicação no Diário Oficial da União. Quando todos, juridicamente, dele conheceram.

Há um axioma de direito que alcança a todas áreas de conhecimento jurídico. É o que diz respeito a não se poder alegar a ignorância da lei. O conhecimento da lei, como presunção e ficção jurídicas, passa necessariamente pela publicação. Só o ato de publicar, oportunizando a que todos conheçam as leis, é que serve de garantia de que houve o conhecimento, mesmo por ficção. Enquanto não se publicar qualquer lei, inclusive a Constituição, é justo se presumir que as pessoas não conhecem o que delas se contém. A promulgação, embora seus relevantes e fundamentais efeitos, fica em área reservada de pessoas, não alcançando o conhecimento de todas. Esta ciência é que é a finalidade da publicação. Daí, sem qualquer resquício de dúvida, a Constituição só deve vigorar após ser publicada.

6.2. Constituição anterior face à nova Constituição

Nenhuma Constituição traz em seu texto norma expressa revocatória da anterior. Na teoria geral de direito explicitada na LICC, artigo 2º, § 1º, em se tratando de lei infraconstitucional, a lei posterior tem eficácia revocatória de lei anterior quando explicitamente o declare, quando regule inteiramente a matéria tratada pela lei anterior ou quando haja incompatibilidade. Impensável se solucionar o problema relativo à epígrafe com apoio em lei subconstitucional, mesmo que extraída da teoria geral do direito. As denominadas revogações expressas e tácitas nada têm a ver com revogação de Constituição por Constituição superveniente. O axioma que existe, em matéria constitucional, é de que a revogação da anterior pela posterior independe de haver cláusula expressa ou incompatibilidade entre elas.

A idéia é simples, principalmente se tratando de Constituição codificada e não extravagante como a brasileira. A Constituição é o *início* do Estado, como estrutura e organização e, identicamente, como repositório normativo. Este entendimento tranqüilo na teoria constitucionalista faz com que a Constituição anterior desapareça do ordenamento jurídico do Estado, dando lugar à nova, tudo se reiniciando. Não há propriamente revogação, que é instituto da área infraconstitucional. A Constituição anterior desaparece, torna-se inválida, perdendo sua eficácia. Em outra visão, todo texto constitucional representa uma unidade normativa que ocupa todo espaço reservado para normas constitucionais. Com a edição da mais atual, a anterior perde seu espaço e, conseqüentemente, não mais existe.

Há a examinar, porém, o fenômeno da *desconstitucionalização*. A situação seria a seguinte. As normas da Constituição anterior que não fossem incompatíveis com o novo texto constitucional, valeriam como normas de lei ordinária, perdendo a qualificação de constitucionais, e, como conseqüência, seriam recepcionadas pela nova Constituição. A desconstitucionalização é rejeitada por Celso Ribeiro Bastos (*op. cit.*, 1º v., p. 366,) e por Michel Temer (*op. cit.*, p. 39), porque o axioma de que a nova Constituição põe fora do ordenamento jurídico a Constituição anterior, só admite uma exceção: quando o texto constitucional novo faz referência expressa à norma da Constituição anterior, mantendo-lhe a eficácia.

A opinião de José Afonso da Silva (*op. cit.*, pp. 210/212) é contrária, admitindo a desconstitucionalização. Afirma, por isso, que as normas constitucionais do texto constitucional anterior, que sejam compatíveis com a nova Carta Política, continuam vigentes e aplicáveis, mudando sua categorização para leis ordinárias. Toda sua argumentação baseia-se numa idéia central. Num texto constitucional, há normas de natureza constitucional e há outras disposições que não são constitucionais. Quanto a estas é que pode haver o fenômeno da desconstitucionalização. Do mesmo sentir é o magistério de Maria Helena Diniz (*op. cit.*, pp. 46/47), apoiando-se no argumento que existem normas na Constituição que não são constitucionais. Esta maneira de ver o problema conflita com a idéia de que toda norma que se contenha na Constituição, constitucional é.

A primeira solução nos parece correta. A elaboração de uma nova Constituição, para que se lhe retire a eiva de usurpatória, baseia-se na legitimidade dos Constituintes, que receberam do povo esta delegação. O povo, ao elegê-los para este mister, lhes concede o mandato para fazer uma nova Constituição, insatisfeito com a anterior. Os Constituintes estão autorizados a fazer e aprovar novo texto constitucional, inclusive aproveitando o que do texto anterior for aproveitável. Os Constituintes elaboram a nova Constituição com o aproveitamento daquilo que entendem útil ser aproveitado. Toda Constituição tem normas extraídas da Constituição anterior. Isto faz crer que o não aproveitado foi porque os Constituintes não quiseram aproveitar. Esta é a realidade.

A tese da desconstitucionalização, para aproveitamento como legislação ordinária das normas da Constituição anterior, se compatíveis com a posterior, apóia-se em orientação usurpatória. Faz prevalecer normas que os Constituintes, os únicos legítimos e legitimados para a elaboração da Constituição, não quiseram validar, tanto que não houve expresso aproveitamento. Isto é usurpação, porque se tem como admitido o que os Constituintes não quiseram. O fato de ser alterada a categorização para norma ordinária não tem maior significado. Norma de Constituição anterior não repetida pela posterior é norma afastada do ordenamento jurídico do País. A sobrevida que se pretende reconhecer através do fenômeno da desconstitucionalização é se dar eficácia normativa ao que deixou de ser norma, com ofensa à soberania popular.

Há uma nuance especial, porém, posta a exame. Normas constitucionais não repetidas no novo texto constitucional perdem sua eficácia normativa, afastadas do ordenamento jurídico constitucional. Entretanto, examinada caso a caso, pode-se detectar um efeito além de sua vivência, em conseqüência da garantia constitucional do direito adquirido. O texto da Constituição diz que "a lei não prejudicará o direito adquirido" (art. 5º, XXXVI, da CF). É verdade que contra a Constituição não há direito adquirido se ela, expressamente, afastá-lo. Não tendo havido o afastamento, o direito adquirido é reconhecido. A realidade normativa, porém, é que a Constituição fala em direito adquirido, mas não o define. Sua compreensão é buscada em legislação subconstitucional explicitada pela doutrina.

A Lei de Introdução ao Código Civil conceitua direito adquirido aquele direito: a) que seu titular poderia exercer no império da lei anterior ou já tenha exercido. Há necessidade, por isso, que, na vigência da lei anterior, todos os pressupostos da lei anterior já se tenham realizado; b) aquele em que o começo do exercício já tenha termo prefixo; c) aquele em que o começo do exercício esteja submetido à condição prestabelecida inalterável, a arbítrio de outrem. É o conceito legal extraído do artigo 6º, § 2º, do Dec.-Lei nº 4.657/42. A este conceito a doutrina agrega diversos ensinamentos.

Gabba (*apud* Pinto Ferreira, 1º v., pp. 149/150) inclui no direito adquirido a "conseqüência de um fato idôneo a produzi-lo, em virtude da lei no tempo no qual o fato foi consumado, embora a ocasião de fazê-lo valer não se tenha apresentado antes da atuação de uma lei nova sobre o mesmo direito". Pontes de Miranda (*op. cit.*, t. V, p. 60) anota: "Na verdade, a lei nova não incide sobre *fatos pretéritos*, sejam eles, ou não, atos, e - por conseguinte - não pode 'prejudicar' os direitos adquiridos, isto é, os direitos já *irradiados* e os que *terão de irradiar-se*. Note-se bem: 'terão de irradiar-se'."

Em conseqüência da constatação da existência do direito adquirido, as normas constitucionais do texto constitucional anterior que, por força da Constituição vigente, são retiradas do ordenamento jurídico, *mesmo que compatíveis* com a Constituição posterior, têm um *efeito ultrativo*, gerando conseqüências para além de sua vigência, instrumentalizando o direito adquirido. A impossibilidade de invocá-lo perante a Constituição nova só se faz presente, se normas contrárias à atual Carta Política e nas situações indicadas no artigo 17 do Ato das Disposições Constitucionais Transitórias da Constituição de 1988.

6.3. Inconstitucionalidade anterior não declarada

A hipótese formulada para exame é simples. Durante a vigência da Constituição anterior, edita-se uma lei em desconformidade, material ou formal, com a Lei Maior. Embora a presença de sua inconstitucionalidade, não houve declaração judicial a tal respeito, e a lei se teve como normativamente válida. Com a promulgação do novo texto constitucional, frente a ele não há qualquer vício de inconstitucionalidade. O que *era* vício não mais *é*. Daí, a indagação: frente ao novo texto da Carta Política, a norma infraconstitucional é válida, adquirindo eficácia? A matéria conduz à polêmica e não levará, certamente, à univocidade da resposta. Celso Ribeiro Bastos (*op. cit.*, 1º v., p. 368), apoiando-se na idéia de que não há nenhuma contrariedade com a vigente Constituição, conclui que a lei é recepcionada como válida.

O problema nos parece de difícil solução e fundamentação, enquanto não se separarem as hipóteses de inconstitucionalidade. Uma coisa é a inconstitucionalidade formal, e outra, a inconstitucionalidade material. Além do mais, embora estranho ao tema em discussão, tratando-se de constatação de vício formal, a lei poderia ser constitucional no regime constitucional anterior, mas conflitante com a Constituição atual. Deste modo, três são as questões a serem enfrentadas e discutidas: a) conformidade formal anterior da lei e inconformidade posterior com o novo texto; b) inconformidade formal anterior e conformidade atual; c) inconformidade material anterior e conformidade atual.

Na primeira hipótese - lei formalmente constitucional pela Carta anterior, mas com vício de inconstitucionalidade pela posterior -, não se pode examiná-la nas limitações até agora tidas para a recepção constitucional, visto que, obediente à regra geral, não haveria revalidação. No Brasil, antes de se fundamentar a solução que iremos adotar, há vários exemplos: a denominada Lei de Introdução ao Código Civil e a Consolidação das Leis do Trabalho são decretos-leis, constitucionais na época (art. 180 da Constituição de 1937) e hoje, frente à nova Constituição, seriam inconstitucionais por vício formal, visto que dependentes de lei (arts. 22, I, e 59, III, da CF). Da mesma forma, as Leis ordinárias nº 5.172/66 (CTN) e nº 4.320/64 (Normas Gerais de Direito Financeiro), formalmente corretas na época em que foram editadas, hoje seriam formalmente inconstitucionais (arts. 146 e 165, § 9º, da CF), por dependerem de sua categorização como leis complementares.

Não haveria necessidade de dizer que os diplomas citados foram recepcionados pela atual Constituição, os dois últimos passando à categoria de leis complementares. E a recepção foi tecnicamente exata. O ato legislativo, isto é, o ato normativo produzido pela função legislativa, deve obediência às regras formais da época de sua edição. *Tempus regit actus*, diz a parêmia latina. Por isso, a conformidade com a lei constitucional anterior, afastado qualquer vício formal da época. É de se verificar, portanto, que o pressuposto da forma é exigível na formação do ato legislativo, o mesmo que ocorre com os atos jurídicos em geral. Para estes últimos, inclusive, há a garantia constitucional do artigo 5º, XXXVI, da CF, de que lei posterior não prejudicará o ato jurídico perfeito, certo de que ato jurídico perfeito é "o já consumado segundo a lei vigente ao tempo em que se efetivou"(art. 6º, § 1º, da LICC).

Assim, a Constituição que garantiu a eficácia do ato jurídico perfeito não poderia, quanto à eficácia do ato legislativo nascido sem qualquer vício, ter outra solução a não ser o reconhecimento de sua eficácia e validade. Seria ilógico que o direito, por razões de reforma durante a passagem do tempo, descaracterizasse o que era juridicamente correto, por simples inadequação superveniente de forma. As mesmas razões que garantem o ato jurídico perfeito e outras situações jurídicas - quem alcançou a maioridade pela lei anterior não a perderá se a lei posterior alterar o pressuposto -, para estabilidade e segurança da ordem sociojurídica, estão presentes referentemente à validade de uma lei cujo vício só é constatado com o texto constitucional novo. A solução propugnada está dentro do sistema da Constituição.A segunda hipótese - inconformidade formal anterior e conformidade atual - pode levar a duas ordens de consideração, que chegam a conclusões diversas. Assim, como primeira argumentação, a lei que, frente à Constituição então em vigor, conflita com as normas superiores, formalmente viciada, é inconstitucional e, por isso, inadquiriu a validade necessária ante a Constituição da época. Sem a validade, é ineficaz desde o início, um nada normativo. Isto é o que se pode colher da teoria do direito constitucional. Tão verdadeira é a alegação que o Poder Judiciário, ao se deparar com uma inconstitucionalidade, *declara* (a decisão é declaratória e não desconstitutiva) o vício constitucional, mesmo em se tratando de inconstitucionalidade por via incidental.

As circunstâncias de não ter sido declarada a inconstitucionalidade e de a lei ter sido aplicada, embora o vício, não têm maior relevância. A lei se qualifica de inconstitucional independentemente de ter sido, ou não, declarada. O silêncio judicial, por falta de provocação de quem de direito, não sana o vício. O interesse público do princípio da conformidade da lei subconstitucional em relação à Constituição, não tem sanação pelo silêncio de quem quer que seja. Nem este silêncio opera a decadência do direito de alegar o vício. O ter sido aplicada não se transforma em fato consumado. Como ato legislativo, a lei nunca existiu juridicamente, por falta de validade. A nova Constituição não pode revalidar o nada jurídico. É a primeira ordem de consideração.

A segunda vai mais fundo, perquirindo até que ponto, no ordenamento jurídico-constitucional do País, é correto se concluir pela invalidade da lei, excluindo-se-a do ordenamento jurídico. E só se pode localizar a resposta examinado o texto constitucional anterior, no caso, a Constituição de 1969. A lei, mesmo que declarada formalmente inconstitucional na via incidental, era inválida? A solução estava no artigo 42, VII, da Carta de 1969, que dizia competir privativamente ao Senado Federal, "suspender a execução, no todo ou em parte, de lei ou decreto, declarados inconstitucionais por decisão definitiva do STF". O entendimento era de que a declaração que levava à suspensão da lei, era a havida na via incidental.

Assim, mesmo havendo declaração incidental de inconstitucionalidade, a conseqüência máxima seria a suspensão da aplicabilidade e eficácia da lei; não de sua existência ou validade. A lei suspensa continuava existindo no ordenamento jurídico. Com muito maior razão, a lei não declarada inconstitucional, por via direta ou incidental, era lei existente, eficaz e válida. Deste modo, mesmo posteriormente reconhecido o vício formal ou mesmo antes, sendo ela suspensa pelo Senado ou não, mantinha sua validade. Daí a conclusão - e esta é nossa orientação - que tal lei foi recepcionada pelo novo texto constitucional, se com ele estiver em conformidade. A primeira solução aventada, advinda da primeiro ordem de consideração, é para aqueles ordenamentos constitucionais que não têm regras iguais ao do artigo 42, VI, da CF de 1969.

A terceira e última hipótese - inconformidade material anterior e conformidade atual - tem a mesma solução da hipótese anterior, ou seja, há recepção constitucional se a inconstitucionalidade não foi declarada ou, sendo declarada incidentalmente, houver a suspensão pelo Senado Federal, ou não. A única situação em que não haverá validação pela nova Constituição - não só para esta hipótese como também para a anterior - é se a declaração de inconstitucionalidade for decidida pelo Supremo Tribunal Federal, em ação direta, visto que seus efeitos são *erga omnes* e *ex tunc*. A lei, como conseqüência, é retirada do ordenamento jurídico do País.

6.4. Norma constitucional inconstitucional

O artigo 29, IV, da CF, seria um exemplo de norma constitucional atritante com outra norma também constitucional. O número de vereadores é *proporcional* à população do município de modo que, no exemplo, o município com um milhão de habitantes terá, ou poderá ter, vinte e um vereadores. Porém, se o município tiver um milhão *mais um habitante*, o número aumentará para trinta e três vereadores. Deste modo, por *mais um* habitante, o aumento assegurado como proporcional é de *doze* vereadores. A regra da proporcionalidade, face o aumento de um só habitante, se desproporcionaliza. O atrito, quanto ao aumento de vereadores, é visível entre o princípio da proporcionalidade e a não-proporcionalidade do aumento.

Outro exemplo está na composição da Câmara de Deputados. O número de deputados federais, que são representantes do povo brasileiro (os Senadores representam os Estados Federados e o Distrito Federal), é proporcional à população, considerando-se esta em relação a cada Estado (art. 45 e § 1º da CF). O mesmo é dito - e não poderia ser, de modo algum, diferente - na Lei Complementar nº 78, de 30 de dezembro de 1993, em seu artigo 1º: "Proporcional à população dos Estados e do Distrito Federal, o número de deputados federais....". Contudo, ao dizer, no final do § 1º do artigo 45, que "nenhuma daquelas unidades da Federação tenha menos de oito ou mais de setenta Deputados", a Constituição se atrita com a regra da proporcionalidade.

Mais objetivamente, algumas unidades federativas que, por sua população numericamente vista, não teriam oito deputados federais, passam a ter este mínimo. A proporcionalidade, neste caso, foi colocada de lado. Identicamente, os Estados que, pela população, teriam direito a mais de setenta deputados, não poderão ter mais do que setenta. Também aqui, o critério da proporcionalidade foi ferido. Com isto se vê que os Estados mais populosos são prejudicados em relação aos Estados menos populosos, fazendo com que a representação do povo, considerando que todos os deputados significam o mesmo peso nas votações, cada um tendo um único voto, fuja à alegada proporcionalidade.

Estes dois exemplos estariam a configurar a inconstitucionalidade de normas constitucionais? É verdade que uma Constituição deve ser um sistema, bem estruturado e regulamentado, de forma a que todas as suas normas estejam em harmonia entre si. Isto, porém, nem sempre ocorre, como nas duas hipóteses exemplificadas. Ressalta-se, porém, para melhor exame da situação, o princípio constitucional da unidade hierárquico-normativa, no sentido de que todas as normas constitucionais são assim consideradas e têm a mesma força hierárquica. Numa Constituição, não há matéria constitucional e não-constitucional. Todas, por escolha dos Constituintes e por estarem na Lei Maior, são constitucionais e, via de conseqüência, do mesmo nível hierárquico.

A matéria que se centralizaria na indagação se uma norma constitucional pode ser inconstitucional, traz à reflexão estes questionamentos. A unidade normativa constitucional não significa que o legislador-constituinte esteja impedido de criar normas de exceção, mesmo que conflitam, aparentemente, entre si. A exceção faz parte do próprio sistema, embora interpretada como exceção. De outro lado, se as normas constitucionais, pelo princípio da unidade hierárquico-administrativa, têm a mesma força na hierarquia, quaisquer que sejam, como se optaria por uma que seria o sistema e outra, a quebra do sistema? Em outras palavras, dentro da igualdade normativa, qual seria o critério para se tornar uma mais relevante que a outra? Em nosso sistema, face às premissas já examinadas, não há que se falar em norma constitucional de natureza inconstitucional. É uma *contradictio in objeto*.

O Supremo Tribunal Federal já teve oportunidade, na ADI nº 815-RS, Relator o Min. Moreira Alves, de enfrentar o tema, afirmando dois pontos importantes: a) a declaração de inconstitucionalidade de umas normas constitucionais em relação a outras "é incompossível com o sistema de Constituição rígida"; b) "as cláusulas pétreas não podem ser invocadas para sustentação da tese de inconstitucionalidade de normas constitucionais inferiores em face de normas constitucionais superiores, porquanto a Constituição as prevê apenas como limites ao Poder Constituinte derivado ao rever ou ao emendar a Constituição elaborada pelo Poder Constituinte originário, e não como abarcando normas cuja observância se impôs ao próprio Poder Constituinte originário em relação a outras que não sejam consideradas cláusulas pétreas" (DJU de 10.5.96).

Parte II

PRINCÍPIOS FUNDAMENTAIS

1. *Preâmbulo*

Nós, representantes do povo brasileiro, reunidos em Assembléia Nacional Constituinte para instituir um Estado Democrático, destinado a assegurar o exercício dos direitos sociais e individuais, a liberdade, a segurança, o bem-estar, o desenvolvimento, a igualdade e a justiça como valores supremos de uma sociedade fraterna, pluralista e sem preconceitos, fundada na harmonia social e comprometida, na ordem interna e internacional, com a solução pacífica das controvérsias, promulgamos, sob a proteção de Deus, a seguinte Constituição da República Federativa do Brasil.

1.1. Observações iniciais

Preâmbulo, semanticamente, traduz a idéia de vir antes, servir de introdução ou discurso preliminar. Isto, obviamente, conduz a se constatar sua colocação topográfica, o que é nada para explicá-lo ou justificá-lo. A simples anterioridade textual não tem qualquer importância científica. O que importa é a sua finalidade, a utilidade em relação ao texto constitucional, matéria que se enfrentará mais adiante. Agora, o que interessa é uma constatação. A existência de um preâmbulo, que sirva de introdução à promulgação de um repositório de normas constitucionais, é fato comum no direito constitucional dos povos. Basta uma simples pesquisa para se chegar a esta conclusão.

Têm preâmbulos as Constituições dos Estados Unidos (1787), da Argentina (1853), da Finlândia (1919),da Coréia (1948), da Costa Rica (1949), da Iugoslávia (1974), de Moçambique (1975), de São Tomé e Príncipe (1975), de Cuba (1976), de Cabo Verde (1981), da República Popular da China (1982), da Nicarágua (1986), das Filipinas (1986), de Suriname (1987), etc. No Brasil, todas as Constituições - umas com texto maior e outras com texto menor -, sem exceção, têm seus preâmbulos. É o fato inconteste. Alguma finalidade jurídica deve se dar aos preâmbulos, pena de não se entender a sua presença histórica.

Contudo, outra observação é de ser feita. O preâmbulo não é criação do constitucionalismo brasileiro. Outras Cartas Políticas de diversos Estados soberanos já se utilizaram e se utilizam de idêntica medida. Nas Américas, a Constituição dos EEUU, que tem preâmbulo, é de 1787. Inclusive, a *Magna Carta*, do final do Século XIII, já tinha o seu preâmbulo. Anota-se, portanto, este dado histórico, não obstante só esta circunstância seja insuficiente para justificar sua existência, utilidade e relevância jurídicas. O preâmbulo existe, mas por quê? Deve haver uma ou mais razões lógicas, notadamente quando se sabe que, num texto legal ou constitucional, não se justifica a presença de palavras inúteis ou inócuas.

O preâmbulo tem uma finalidade básica. A de invocar e afirmar a legitimidade da Constituição, a partir do poder estatal que formula ou reformula o Estado. Em outras palavras, explicitar quem a proclama, visto que, para ser legítima, deve ser o povo, onde se localiza o poder constituinte. Já se foi o tempo, tragado pelas novas idéias, em que o poder estatal seria encontrado em entidade divina, representada na terra por reis, imperadores, etc. A Constituição brasileira em vigor fala, em seu preâmbulo, em "nós, representantes do povo brasileiro, reunidos em Assembléia Nacional

Constituinte...". Para fins de legitimação era o que bastava, porque, na democracia representativa, a soberania popular, de onde deriva o poder constituinte originário, é exercida através de representantes eleitos. Tudo o que é normatizado o é em nome do povo.

Este é um aspecto a se enfatizar para justificar o preâmbulo. Explicitação do poder detido, mesmo que por representação, por quem faz o texto constitucional. Direcionando-o, como normatividade inicial do Estado ou do novo Estado, para toda coletividade, o texto preambular deve se qualificar de legítimo. Ou jurídica e socialmente legítimo, como nas Constituições de 1891, 1934, 1946 e a atual, ou *legitimado* pelo fato da força de quem a outorga, com clara invasão ou usurpação de soberania. Mas há uma nuance de conteúdo, também presente nos preâmbulos. Como súmula ou ementa, o preâmbulo pode conter, resumidamente, a orientação social, política e filosófica do Estado. Este *plus* não desqualifica o preâmbulo e é até comum e explicitante.

Na verdade, neste aspecto, o preâmbulo passa a significar uma carta de motivos, um conjunto de razões, que não explicam, introdutoriamente, o texto constitucional articulado, que lhe segue. Pontes de Miranda (1967, t. I, p. 409) esclarece o conteúdo do enunciado preambular: "Todo Preâmbulo anuncia: não precisa anunciar tudo, nem, anunciando, restringe", certo de que o anunciado deve ser levado em conta na interpretação dos textos constitucionais. É a importância exegética do conteúdo expresso no preâmbulo.

Este efeito da substância do preâmbulo no processo hermenêutico deve ser utilmente considerado. Carlos Maximiliano (*op. cit.*, p. 267) estuda os efeitos do preâmbulo de qualquer lei, sem se deter no preâmbulo constitucional. Mas chega a idênticas conclusões, ao argumentar que o preâmbulo "põe em evidência as *causas* da iniciativa parlamentar e o *fim* da *norma*; por isso, conquanto não seja parte integrante desta, merece apreço como elemento de exegese. Quase sempre traduz o motivo, a orientação, o objetivo da lei, em termos concisos, mas explícitos." Nenhuma alteração em se tratando de preâmbulo a normas constitucionais, porque a razão lógica é a mesma.

O *plus* de idéias e orientação que passa a servir de conteúdo do preâmbulo, que natureza jurídica tem? Pode-se categorizar como uma norma jurídica constitucional e, na resposta afirmativa, de qual categoria? Norma-preceito ou norma-princípio, mais conhecida como programática? A matéria não é de fácil deslinde, mesmo porque reina divergência doutrinária a respeito. Alguns negam que o preâmbulo tenha valor normativo, pois carente de regra de direito positivo. Na Alemanha, também há divergência. Uns revestem o trecho preambular de caráter normativo, enquanto outros negam-no, afirmando não ter o preâmbulo caráter jurídico, mas simplesmente ideológico. É a questão a ser enfrentada.

A jurisprudência francesa, outrossim, já teve oportunidade, isto em 1947, de dar efeito normativo e imperativo a conteúdo de preâmbulo. Tratava-se de um legado testamentário que vedava à legatária, para fazer jus ao legado, que se casasse com judeu. Cláusula anti-semita e, por isso, induvidosamente representando preconceito racial. O Tribunal de Sena, provocado jurisdicionalmente, anulou a cláusula testamentária restritiva "que contrariava o preâmbulo da Constituição francesa" (Pinto Ferreira, 1989, 1º v., p. 5). A normatividade do preâmbulo foi alcançada e admitida.

O preâmbulo não é somente uma parte física da Constituição; materialmente a integra com relativa relevância normativa. É de se enfatizar que o preâmbulo não é um *plus* que se acrescenta ao texto constitucional, após sua aprovação. Ele é votado e aprovado juntamente com o Ordenamento Máximo. Representa, como conseqüência, a idéia da Constituição, alcançada pela maioria, como é de regra nas democracias. Não é norma jurídica no sentido de norma-preceito, porque lhe falta ainda o específico comando. Mas há o efeito exegético já referido anteriormente. Tal efeito é ressaltado também por A. de Sampaio Dória (1960, v. 2, p. 20).

O que o Professor paulista diz é o seguinte: "Nos preâmbulos, foram consagrados princípios orgânicos, de que os textos constitucionais lhes são aplicações. E, por isso, estarão fora dos rumos legítimos interpretações que com eles colidam". Inidentificáveis como normas-preceito, mas servindo como dados paramétricos para interpretação, valem como regras programáticas, que outros denominam de normas-fim, ou normas-princípio. Esta é a natureza jurídica das regras preambulares. Com a força idêntica à das regras programáticas, com vigência imediata e aplicação diferida, mas compondo a orientação social, cultural, jurídica e filosófica da Constituição.

1.2. Proteção de Deus

A nossa primeira e única Constituição do Império, a de 1824, tinha um dizer inicial, no preâmbulo, invocando a proteção divina: "Constituição Política do Império do Brasil *em nome da Santíssima Trindade*" (os grifos são nossos). Esta invocação, orientando-se por uma específica crença religiosa, tem explicação histórica. Tratava-se de uma Constituição outorgada, em que havia uma religião oficial, conforme se lia no artigo 5º, primeira parte: "A religião católica apostólica romana continuará a ser a religião do Império". Daí, nada de mais a referência feita - não a Deus, mas à Santíssima Trindade -, que poderia estar em desconformidade com parcelas do povo brasileiro, professando outras seitas e religiões.

A invocação, como já ressaltado, tinha base na religião oficial, que era a religião do Estado e que aceitava e dogmatizava a Trindade Divina. Além do mais, não era uma Carta democrática, por não haver soberania do povo, aparecendo este simplesmente como destinatário. Afora isto, não se pode dizer que, na época, havia pluralismo religioso, porque o que se lia no artigo 5º, segunda parte, da Constituição de 1824 era restritivo: "Todas as outras religiões serão permitidas com seu culto doméstico ou particular, em casas para isso destinadas, sem forma alguma exterior de templo". Tudo justificava a invocação divina, na forma como fora feita pela Constituição de 1824.

A Constituição que lhe seguiu, a de 1891, se omitia, no preâmbulo, de falar em Deus ou outra designação que O lembrasse. Falava somente em "nós, representantes do povo brasileiro...". A omissão, pelo menos em nosso entendimento, tinha suporte em duas circunstâncias. Não havia mais religião oficial, visto que "a República brasileira separou a Igreja do Estado" (Paulino Jacques, 1964, p. 227). Em segundo lugar, aparecia como direito individual, no § 3º do artigo 72, a ampla liberdade religiosa, que se podia exercer pública e livremente. Sem religião oficial e presente o pluralismo religioso, a invocação divina não era necessária. Inclusive, a separação da Igreja e do Estado já se dera através do Decreto nº 119-A, de 7 de janeiro de 1890.

O mesmo ocorreu com a Constituição de 1937, que não fez qualquer invocação divina. As causas eram idênticas. A Carta de 1937 foi outorgada por Vargas ao povo, não havendo religião oficial e se repetindo o direito individual: "todos os indivíduos e confissões religiosas podem exercer pública e livremente o seu culto, associando-se para esse fim e adquirindo bens, observadas as disposições do direito comum, as exigências da ordem pública e dos bons costumes" (art. 122,4). A Constituição de 1937 e a de 1891 são os únicos textos constitucionais que se omitiram, nos preâmbulos, de fazer a invocação divina.

As demais Constituições, porém, com alteração redacional do texto, faziam referência expressa a Deus nos preâmbulos. A Constituição de 1934 inicia o texto preambular dizendo: "Nós, os representantes do Povo Brasileiro, *pondo a nossa confiança em Deus...*" (os grifos são nossos). A Carta de 1946 regrava que a Assembléia Constituinte se reunia *sob a proteção de Deus*. A Lei Maior de 1967/69 dizia que "o Congresso Nacional, *invocando a proteção de Deus*, decreta e promulga..."(os grifos são nossos). A atual Constituição, a de 1988, voltou à fórmula do Texto Maior de 1946, se utilizando da expressão *sob a proteção de Deus*.

Todos textos constitucionais buscavam alcançar a mesma, ou semelhante, idéia. Tudo com vista ao Ser Supremo. Embora se utilizando de termos diferenciados - *invocando a proteção*, que é pedir ou suplicar; *sob a proteção*, que já traduz a realidade de estar sendo protegido; ou *confiando* em Deus, que é um sinal de fé e de esperança -, não há nenhuma observação crítica a fazer na área do direito constitucional, em sua visão exclusivamente técnica. As possíveis diferenciações semânticas não alteram a idéia religiosa do Constituinte. Assim, falar que a Constituição é feita se invocando a proteção de Deus, ou sob a proteção de Deus, ou se pondo a confiança em Deus, não traz equívocos ou acertos.

Considerando o livre arbítrio do homem, que é o direito de livremente optar por caminhos e soluções, circunstância garantida na própria crença religiosa, a referência constitucional a Deus não O responsabiliza pelos possíveis equívocos do Texto, mesmo porque, como é consabido, só o ser humano está sujeito a erros, e Deus não se envolve na feitura de leis. Com ou sem invocação, pondo-se a confiança Nele ou não, Deus estará protegendo, por força da lei universal, o homem. Como conseqüência, sem importar a técnica constitucional, qual a conveniência ou utilidade destas invocações? Naquilo que é nossa crença inabalável, Deus está presente a todos os atos, em silencioso apoio, sem necessidade de que o fato seja exteriorizado ou escrito.

O povo brasileiro, na sua grandiosa maioria, é deísta. Percentualmente, poucos são aqueles que desacreditam em Deus. Nesta afirmação já se computam os incluídos na imortal frase de Joracy Camargo, em sua peça *Deus lhe pague*, que a colocou na boca de um personagem: *Sou ateu graças a Deus*. O ateu brasileiro é, muitas vezes, o adepto de um modismo, que se traduz em ilógica. Dizer-se ateu não é defender uma posição; é impossibilidade de provar que a outra está correta. Feitas estas rápidas considerações, a invocação divina no preâmbulo seria compatível com seus próprios termos, principalmente quando se fala em um sociedade pluralista? Mais do que isto, a invocação a Deus no texto preambular consoa com as regras da própria Constituição?

As razões que examinaremos são constitucionais; não de conveniência. No texto do preâmbulo, afirma-se ser a sociedade brasileira pluralista. É a liberdade de todos terem suas próprias idéias, quer na área política, cultural ou, no que interessa, na área da crença. No Brasil, por força do pluralismo, não há unipartidarismo, idéias só de uma facção, inclusive há o direito de, sem necessidade de justificação, ser deísta ou ateu. O pluralismo tem este significado. Contudo, no mesmo texto do preâmbulo, após afirmar o pluralismo, se adota uma posição deísta. É, a nosso sentir e filosoficamente, uma contradição. Como o seria se o preâmbulo dissesse que a Assembléia Nacional Constituinte se reunia *sem a proteção de Deus*.

Quer se deixar bem esclarecida a posição que adotamos. Dizer-se *sob a proteção de Deus* ou *sem a proteção de Deus* são formas do texto constitucional optar, incompatível com a afirmação categórica de sermos uma sociedade pluralista. A omissão, sem adotar posições, é que se harmoniza com o pluralismo. Anota-se que nenhuma lei infraconstitucional tem, em seu texto, palavras traduzíveis como invocação divina. Ou será que o Ser Supremo só deve ser invocado nas leis constitucionais, e não nas subconstitucionais? Reafirma-se nossa crença. A presença de Deus está assegurada nos atos da vida, mas sem necessidade de que ela seja sempre invocada.

Numa sociedade como a nossa, outrossim, há liberdade de crença e de livre exercício de cultos religiosos (art. 5º, IV, da CF). O Estado não tem religião nem culto religioso. A idéia é simples: *a Deus o que é de Deus e a Cesar o que é de Cesar*. A garantia da liberdade de escolha de uma seita ou crença não pode ser interpretada como se tendo a obrigação de optar por uma delas. O não escolher, o se omitir, também faz parte da garantia constitucional. Conseqüentemente, nela se insere o direito de ser deísta ou ateu. Difícil, por isso, se compatibilizar a invocação divina do preâmbulo com a ampla liberdade de, querendo, ser ateu, com apoio em garantia constitucional. O Texto Maior afirma uma coisa, e o preâmbulo, outra. Mais do que isto. Constituintes ateus se sentiram politicamente obrigados a assinar um texto constitucional que entrava em choque com uma garantia nele inscrita. Desta realidade não se pode fugir.

Entretanto, não se deve pensar que a invocação a Deus representa criação brasileira ou situação excepcional entre as Constituições existentes no mundo. A Constituição dos Estados Unidos da América, talvez o texto constitucioal mais antigo dos países ocidentais, pois é de 1787, diz em seu preâmbulo: "Nós, por conseguinte, representantes dos Estados Unidos da América, reunidos em Congresso Geral, *apelando para o Juiz Supremo* do mundo pela retidão de nossas intenções, em nome e por autoridade do bom povo destas colônias..."(os grifos são nossos). Na Constituição Argentina, do Século XIX, acrescenta-se no texto preambular: "invocando la protección de Dios, fuente de todo razón y justicia...". A Constituição de Costa Rica, de 1949, fala em "invocando el nombre de Dios". A Constituição das Filipinas, de 1986, afirma "implorando a ajuda de Deus Todo Poderoso". A de Suriname, que é de 1987, aduz "pela crença no poder do Todo Poderoso". A prática brasileira tem apoio no Direito Comparado, como se vê.

1.3. Assembléia Nacional Constituinte

Algumas idéias já foram postas anteriormente. Uma das finalidades do preâmbulo é afirmar a legitimidade do feitor do texto constitucional. Em outros termos, indicar quem, detendo o poder constituinte originário, elaborou a Constituição. Hoje, pode se dizer que a titularidade do poder constituinte é tema que se situa na área do consenso. Já houve época, no entanto, em que tal poder se situava na autoridade divina, que tinha, dogmaticamente, seus representantes nos monarcas, etc. O direito era revelado pelos deuses às criaturas humanas, o que veio a caracterizar, a um determinado momento, o jusnaturalismo, o direito extraído da natureza. Com este entendimento, o poder constituinte se situaria na entidade divina.

Hans Kelsen (1986, p. 8), sem se comprometer com a orientação jusnaturalista, argumentava logicamente: "Visto que as normas de Direito Natural estatuem uma determinada conduta humana como devida, tem de haver uma vontade dirigida a um comportamento humano. Posto que a natureza não é, porém, ser inteligente, apenas pode ser a vontade de Deus na natureza criada por Ele". Como reflexo no constitucionalismo, o texto constitucional nascia de Deus, através dos reis, que O representavam. Tal fenômeno se viu, embora já em parte esmaecido, na Constituição do Império de 1824.

Só se pode pensar no surgimento da Revolução Francesa a partir do instante em que os franceses passam a desacreditar no direito dos reis advindo da força divina, o que também ocorre com a Revolução Russa relativamente ao tzar (Themístocles Brandão Cavalcanti, 1958, p. 80). Um pouco mais adiante, o fenômeno se alastra. Em específico estudo realizado por Boris Mirkine-Guetzevitch (1957, p. 27), afirma-se: "As Revoluções européias de 1918 arrancam as rédeas do poder das mãos trêmulas das monarquias vencidas ou decaídas; a República parlamentar, baseada no sufrágio universal, é a forma comum da nova Europa". O poder constituinte passa a se localizar no povo.

Esta diversidade de titulares no curso da história poderia permitir a conclusão de que a titularidade do poder constituinte considera circunstâncias históricas e está condicionada por elas, como afirma Carlos Sanchez Viamonte (*apud* Paulo Bonavides, 1996, p. 136, Nota 28). Entendemos diferentemente. Pode-se detectar na história o exercício do poder constituinte originário por quem não é, por natureza, detentor da titularidade. Há usurpação evidente, principalmente quando o usurpador é um tirano, exercendo-a pelo direito da força. O que importa no tema em exame é a *real* titularidade.

Nos estudos feitos, em sede de teoria geral do Estado, conclui-se que a entidade estatal soberana se compõe de três elementos: povo, território e Governo soberano. Sem estes três elementos, não há que pensar no Estado independente, com existência jurídica no concerto internacional. O território é sua base físico-geográfica, necessariamente espaço delimitado, onde habita seu povo e exercem a soberania os Poderes constituídos. O povo é o elemento humano preponderante, principalmente porque o Estado existe para sua sobrevivência. O governo constituído é o que administrará o Estado, impulsionado pela soberania que lhe é concedida. E mais: o território não detém inteligência e vontade. O governo constituído é conseqüência da estruturação do Estado. E o povo tem existência *anterior* ao próprio Estado.

O poder constituinte originário, utilizável para a estruturação e configuração do Estado, não existe fora dele. Necessariamente, recolhe-se-o de dentro da organização estatal enquanto em formação ou já devidamente formada. Situa-se na área do óbvio que o poder constituinte não se titulariza no elemento território, por não haver ser inteligente. Identicamente, a titularidade não está com o governo soberano, porque este é conseqüência do Estado, e não sua origem. Ademais, sem dúvida é poder *constituído*, e não constituinte. Resta o elemento povo, que cria a idéia de formação do Estado, organiza-o e defere ao governo a qualidade de soberano. Deste modo, o poder constituinte se titulariza e sempre se titularizou no elemento povo.

Temos, assim, como princípio essencial na estruturação jurídica dos Estados, uma regra pré-constitucional. É a referente à soberania popular. O povo é que detém o poder constituinte originário, poder este que é exercido, nas democracias indiretas, através de seus representantes eleitos para tanto. A titularidade de todo poder está com o povo. As Constituições, ao dizerem que *todo poder emana do povo*, nada mais fazem do que traduzir em norma escrita o que já era realidade anterior. O mesmo ocorreu com o artigo 14 da CF em vigor, ao dizer que "a soberania popular será exercida pelo sufrágio universal".

No que interessa à situação brasileira, em 28 de junho de 1985, foi apresentada proposta de reforma constitucional ao texto de 1967/69, visando à convocação de uma assembléia nacional constituinte. A proposta foi aprovada e se transformou na Emenda Constitucional nº 26/85, devendo ser eleitos seus integrantes - deputados federais e senadores -, em 1986. Eleitos, iniciaram-se os trabalhos da Assembléia, reunindo conjuntamente deputados e senadores. Isto se deu em 1º de fevereiro de 1987, encerrando-se a reunião assemblear em 5 de outubro de 1988, com a promulgação da nova

Constituição. O texto do Preâmbulo, ao se referir a "representantes do povo brasileiro", demonstra a legitimidade da Assembléia Constituinte que, na forma de democracia, representava a soberania popular

Houve, é verdade, algumas críticas quanto à composição da Assembléia Nacional Constituinte. Compunham-na alguns senadores que não foram eleitos em 1986 e, conseqüentemente, não tinham poderes para representar o povo, na específica atribuição de poder constituinte originário. A Assembléia teria, em sua composição, pessoas sem representatividade popular. A tese, porém, não teve o efeito desejado, matéria que examinaremos logo a seguir. De outro lado, embora seja quase tradicional no Brasil que senadores não são representantes do povo, e sim dos Estados federados, no Preâmbulo os senadores aparecem incluídos na expressão "representantes do povo". Há fundamentação histórica para esta afirmação?

A composição do Senado, que fora eleita com base na Constituição de 1967/69, foi renovada parcialmente em 1986, visto que alguns senadores ainda estavam com seus mandatos em vigor, por mais quatro anos. Logicamente, estes não receberam poderes constituintes, mas continuavam senadores. Esta era a afirmação de irregularidade, qualificando-se o argumento apresentado como juridicamente forte. Uma coisa é ser eleito com a atribuição específica de ser constituinte originário e outra, conseqüência de qualquer mandato, exercer o poder constituinte *derivado*, o que ocorre nas reformas ou emendas constitucionais. Os senadores ditos irregulares só tinham o poder derivado. Foi, em nosso entendimento, uma mácula da Assembléia Constituinte, que ficou na história, mas não resultou em efetivo prejuízo.

Na Federação, outrossim, há o bicameralismo: os representantes do povo na Câmara de Deputados e os representantes dos Estados federados e do Distrito Federal, no Senado. No período que antecede à aprovação do texto constitucional, não há que se falar ainda em federação. Nada obrigava a Constituinte estabelecer um Estado Federal. Em tese, até poderia estruturar o Brasil como Estado unitário. A Federação é cláusula pétrea para efeito de reforma ou emenda constitucional; não de uma nova Constituição. Desta forma, na etapa da pré-constitucionalização de 1988, não se poderia pensar em representação dos Estados federados, se nem sua existência estava assegurada.. A alusão a representantes do povo está conforme a legitimidade para organizar e estruturar um Estado. Isto explica, para o exclusivo efeito de elaborar a Constituição, serem os senadores tidos como representantes do povo.

Diante de tudo que se disse e considerando que a precípua finalidade de um Preâmbulo é afirmar a legitimidade de um texto constitucional - o Preâmbulo da Constituição de 1988 cumpre este seu principal objetivo. Os representantes do povo, com a atribuição específica de elaborarem uma Constituição, fizeram-na no tempo de vinte meses e cinco dias, quando a promulgaram.

1.4. Estado democrático

Entendida a *autocracia* como regime político em que o governo é despótico ou tirano, representando ditadura, a *democracia* é, conceitualmente, o governo do povo, exercido pelo povo e para o povo. A fórmula "todo poder emana do povo" (art. 1º, parágrafo único, da CF) ou, mais propriamente, "todo poder emana do povo e em seu nome será exercido"(art. 1º, segunda parte, da Carta de 1946) traduz, com perfeição, o regime político democrático. No Brasil, afora a Constituição de 1824, que era monarquia hereditária, todas as demais Constituições se qualificavam como democráticas.. Até a de 1937, que não falava de democracia no preâmbulo, assim como a de 1967/69, regravam que "todo poder emana do povo e em seu nome é exercido" (art. 1º, § 1º, da CF de 1967/69) ou "o poder político emana do povo e é exercido em nome dele e no interesse do seu bem-estar, de sua honra, de sua independência e de sua prosperidade" (art. 1º da CF de 1937).

Com base em texto constitucional, convivemos, desde 1891, com o regime político democrático. Entretanto, nos períodos em que estavam em vigor as Cartas políticas outorgadas - 1937 a 1945 e 1967/69 a 1985 -, não parece corresponder à realidade que houve governo do povo. A ditadura Vargas não era tecnicamente uma democracia, porque Getúlio se manteve no poder sem a participação do povo. O mesmo ocorreu, a iniciar com a Revolução de 1964, com os presidentes militares. E não só isto. Olhando-se, mais proximamente, o que ocorreu nos primeiros governos militares, é difícil se adequar o exercício governamental como democrático, pelo menos na compreensão laica que se possa ter de democracia. Assim, seja como origem, seja como exercício, estima-se que a democracia não tem conteúdo certo ou o nome se presta a arremedos políticos.

O regime político dos EEUU é democrático. Identicamente, na Argentina. Nem há necessidade de consultar os textos constitucionais, porque se conhece o sistema de cada um destes países, face a noticiário da imprensa escrita ou falada. A Constituição da República Popular da China, de 1982, fala, no preâmbulo, em *democracia*, em *revolução democrática*, etc. No artigo 1º, define o sistema político: "...Estado socialista subordinado à *ditadura democrático-popular* da classe operária e assente na aliança dos operários e camponeses" (os grifos são nossos). Se autoqualifica, como se vê, de democracia. A Constituição da União das Repúblicas Socialistas Soviéticas, de 1977, fala, no preâmbulo, que a URSS "é uma sociedade autenticamente *democrática*" (o grifo é nosso) e onde se instaurou "a ditadura do proletariado". A Constituição da República de Cuba, de 1976, em seu artigo 1º, se autodefine de "república unitaria y *democrática*" (o grifo é nosso).

O que se percebe, a toda evidência, é que a palavra democracia tem sido usada em diversas Constituições com conotação, pelo menos referentemente ao exercício, diferente. Incomparável, sem a menor sombra de dúvida, a democracia exercida nos EEUU com a utilizada em Cuba. O mesmo fenômeno já se viu aqui no Brasil. O confronto entre a democracia da Constituição de 1937 com a existente na Constituição de 1946, retrata que há uma diferença de conteúdo, ou de extensão. Ou será que a palavra democracia passou a ser um termo com tal magia que todos querem usá-la? Themístocles Brandão Cavalcanti (*op. cit.*, p. 200) já chamava a atenção para este aspecto, quando disse que "não há um conceito unívoco de democracia". Em outros termos, o que as identifica é todo poder emanar do povo, mesmo que retoricamente.

Boris Mirkine-Guetzévitch (*op. cit.*, pp. 101/130), no estudo que faz sobre as *democracias populares*, chama a atenção para a dessintonia que há entre o regime democrático dos textos constitucionais e o que se exerce, realmente, na prática. É a antinomia entre a vida e o positivado textualmente. Na própria expressão da Constituição da República Popular da China - *ditadura democrático-popular* -, há uma contradição ínsita, pelo menos na visão política brasileira. *Ditadura* e *democracia* se incompatibilizam. A Constituição de Cuba, no artigo 3º, fala que "en la República de Cuba la soberania reside en su pluebo, del qual dimana todo el poder del Estado", mas limita a compreensão de povo aos "trabajadores" (arts. 1º e 9º, *a*) e coloca como "el fuerza dirigente superior de la sociedad y del Estado" o Partido Comunista de Cuba (art. 5º). A nosso sentir, contradições evidentes e, por isso, afirmações inconciliáveis.

Enfatiza-se, portanto, que o conceito de democracia, considerando o Direito Comparado, é equívoco.

Afora o elemento origem - o povo -, já examinado quanto à titularidade do poder constituinte, a sua compreensão específica se dá com o exame dos valores perseguidos e executados pelo sistema democrático. O Preâmbulo da Constituição de 1988 indica-os, qualificando-os como *valores supremos* da sociedade: "o exercício dos direitos sociais e individuais, a liberdade, a segurança, o bem-estar, o desenvolvimento, a igualdade e a justiça". O que diz o Preâmbulo é que a Assembléia Nacional Constituinte reuniu-se para instituir um Estado democrático, que se destina a assegurar o exercício dos direitos supremos arrolados. O exercício de tais direitos é que dá o conteúdo democrático pretendido. Daí a necessidade de examiná-los quanto baste.

A matéria pertine, de um lado, a objetivos fundamentais a serem examinados nas anotações ao artigo 3º (justiça, desenvolvimento social e bem-estar de todos) e aos direitos e garantias fundamentais, objeto dos artigos 5º e 6º da Constituição. O texto constitucional dividiu os direitos fundamentais em duas classes: os direitos individuais e coletivos, mais propriamente as liberdades públicas referidas no artigo 5º, e os direitos sociais especificados no artigo 6º. O exame mais aprofundado de todos estes direitos, também denominados como direitos humanos, tem campo apropriado nas anotações a serem feitas a cada um dos artigos. Contudo, uma explicitação, mesmo que genérica, parece fundamental para se concluir quanto ao conteúdo da democracia e de sua efetiva aplicação na sociedade brasileira.

Os direitos individuais e coletivos buscam garantir qualquer do povo contra os desmandos do poder. São aquelas faculdades ou comportamentos que formam um círculo, ou ambiência jurídica, que o Poder público deve respeitar, nele não ingressando. São as diversas liberdades: de crença, política, de conduta, de manifestação, etc. A leitura do artigo 5º, em seus diversos incisos, inclusive, dá sua indicação, embora o rol não seja taxativo, permitindo a existência de outros direitos (§ 2º do art. 5º). Genericamente é a igualdade perante a lei e a inviolabilidade no que concerne aos direitos à vida, à liberdade, à igualdade, à segurança e à propriedade. Sob o aspecto processual, além do direito abstrato de ação, há a ampla defesa, o contraditório, a necessidade de prova lícita e formas de promoção de justiça, como o mandado de segurança, individual ou coletivo, o mandado de injunção, o *habeas corpus*, o *habeas data*, etc.

Os direitos sociais, espécies do gênero direitos fundamentais, não apareciam nas Constituições de 1824 e de 1891. Ingressaram, porém, desde a de 1934, em todos os textos constitucionais brasileiros. A Constituição de 1988 buscou ser mais abrangente e, em seu texto, deu-lhes o conteúdo: direito à educação, à saúde, ao trabalho, ao lazer, à segurança, à previdência social, à proteção da maternidade e da infância e à assistência dos desamparados (art. 6º da CF). Relativamente aos trabalhadores rurais e urbanos, elencou-os no artigo 7º, acrescentando outras regras nos artigos 8º a 11.

Assim, pode-se compreender a democracia brasileira como origem, como poder e como conteúdo de exercício. Como origem, nasce da soberania popular, na certeza de que todo poder inicia no povo, dele decorrendo. Como poder, é exercida através de representantes, mas sempre em nome do povo. Como conteúdo, há um mínimo constitucional razoável: os direitos fundamentais, divididos nas liberdades públicas (direitos individuais e coletivos) e nos direitos sociais. A não-aplicação de qualquer deles é prática antidemocrática.

1.5. Sociedade fraterna, pluralista e sem preconceitos

O Preâmbulo busca identificar e qualificar a sociedade em que os valores supremos serão exercidos. Não é uma sociedade vista quantitativamente, como conjunto de pessoas, aquelas residentes no território, o número significativo da população. Esta, no seu aspecto numérico, tem relevância jurídica em determinados momentos: para se calcular o número de vereadores por município (art. 29, IV, da CF) ou o número de deputados federais (art. 45, § 1º) e, por conseqüência, o número de deputados estaduais (art. 27), distritais e à Câmara Legislativa do Distrito Federal (art. 32, § 3º). O que interessa no Preâmbulo é a sociedade vista *qualitativamente*. Quais as qualidades que devem informá-la?

Contrária à democracia é uma sociedade em crise, em que os do povo estejam, constantemente, em divergência ou, mesmo sem divergências, com atuações egoístas, pensando cada um em si. O bem-estar buscado pelo Governo, com seus planejamentos e política governamental, é para que *todos* tenham uma vida digna. O bem-estar de todos é objetivo fundamental da República, ao qual a população deve concentrar seu esforço, em harmonia. A sociedade deve ser solidária com as promoções governamentais e entre as pessoas do povo em si. Esta solidariedade está representada no preâmbulo pela afirmação de que deve haver *sociedade fraterna*.

Sociedade fraterna rejeita individualismos e personalismos. Tende ao trabalho conjunto, harmonização entre todos, principalmente entre capital e trabalho, entre pobres e ricos, entre os distanciamentos dos extremos. Sendo o objetivo do bem-estar de todos uma constante, buscando-se a erradicação da pobreza e da marginalização, etc., a sociedade qualificada no Preâmbulo como fraterna é reflexo da República - todos são iguais perante a lei - e da democracia, como instrumento a ser utilizado. Entenda-se, porém, o quanto de retórica tem esta pretensão.

A afirmação preambular confirma o entendimento exposto acima, em que os valores utilizáveis para a fraternidade são a harmonização entre todos e as controvérsias na ordem interna e internacional serem resolvidas através de solucões pacíficas. Lê-se, no Preâmbulo, que a sociedade fraterna se fundará "na harmonia social e comprometida, na ordem interna e internacional, com a solução pacífica das controvérsias". Em qualquer setor social, em qualquer momento, deve haver a coordenação harmônica.

A sociedade brasileira também é *pluralista*. A idéia contida no qualificativo tem o significado que, qualquer que seja o setor social, não se impõe nem o *mono* nem o *bi*, no sentido de as coisas estarem agrupadas numa única ou dupla orientação. A quantidade de orientações é plural, sem haver limite numérico. A sociedade se amolda ao pluralismo, isto é, às opiniões e concepções divergentes. Em outras palavras, é a heterogeneidade conflitante, mas que leva à coexistência harmônica, sem que haja a assimilação entre as orientações discordantes. Convivem, no mesmo instante, o parlamentarista, o presidencialista, o monarquista e outros; o católico, o protestante, o cardecista e outros crentes; enfim, na prática, é a liberdade a mais ampla possível para optar de acordo com o talante individual.

Esta abrangência da sociedade pluralista é extraída de diversos artigos da Lei Maior. Na área da educação e das instituições de ensino, o pluralismo está definido no artigo 206, III. Na atividade econômica, pela livre iniciativa (art. 170). Há, como garantia constitucional, a liberdade de consciência e de crença, assegurando-se "o livre exercício dos cultos religiosos e garantida, na forma da lei, a proteção aos locais de culto e as suas liturgias"(art. 5º, VI). Na área da cultura, o pluralismo também existe, conforme se depreende dos artigos 215 e 216 da Carta de 1988. Tudo para confirmar que a sociedade brasileira é pluralista.

O pluralismo sindical, por razões de conveniência, é moderado. Há a denominada liberdade de sindicalização (art. 8º, V, da CF). Ninguém pode ser compelido a se filiar ou a manter-se filiado, quer por ação direta, quer por imposição indireta. Os sindicatos, federações e confederações seguem o princípio do pluralismo, consideradas as categorias profissional e econômica. Contudo, há uma limitação, considerada a base territorial. É a regra que se lê no artigo 8º, II: "É vedada a criação de mais de uma organização sindical, em qualquer grau, representativa da categoria profissional ou econômica, na mesma base territorial..."

A sociedade brasileira, outrossim, deveria ser sem preconceitos. Esta compreensão que, no Preâmbulo, se categoriza como norma programática, se reflete no conteúdo preceptivo da Constituição, impedindo discriminação de "origem, raça, sexo, cor, idade e quaisquer outras formas" (art. 3º, IV), sendo que homem e mulher têm iguais direitos e obrigações (art. 5º, I) e "a prática de racismo constitui crime inafiançável e imprescritível, sujeito à pena de reclusão, nos termos da lei" (art. 5º, XLII). Contudo, a bem da verdade, a legislação ordinária, que daria efetividade à garantia constitucional, deixou muito a desejar quanto à tipificação criminal.

2. Artigo 1º

A República Federativa do Brasil, formada pela união indissolúvel dos Estados e Municípios e do Distrito Federal, constitui-se em Estado Democrático de Direito e tem como fundamentos:
I - a soberania;
II - a cidadania;
II - a dignidade da pessoa humana;
IV - os valores sociais do trabalho e da livre iniciativa;
V - o pluralismo político.
Parágrafo único. Todo o poder emana do povo, que o exerce por meio de representantes eleitos ou diretamente, nos termos desta Constituição.

2.1. República

O Brasil, com sua independência política, adotou como forma de governo a monarquia. A mesma forma de governo que existia em Portugal se transferiu, à inteira, para o novo Estado. Com efeito, pouco mais de um mês após, precisamente em 12 de outubro de 1822, na Cidade e Corte do Rio de Janeiro e Palacete do Campo de Santa Ana, foi assinada ata de aclamação de D. Pedro de Alcântara como "Imperador Constitucional do Brasil, conservando sempre o Título de seu Defensor Perpétuo Ele e seus Augustos Sucessores...". O Brasil, portanto, não nasceu República; sim, monarquia hereditária.

No Projeto de Constituição elaborado pela Comissão da Assembléia Constituinte, de agosto de 1823, afirmava-se que o Brasil era um Império uno e indivisível (art. 1º), sendo uma monarquia representativa (art. 36), e "a monarquia é hereditária na dinastia do atual Imperador, o Sr. D. Pedro I" (art. 37). No Projeto de Constituição, feito pelo Conselho do Estado, de dezembro de 1823, era dito que "o seu Governo é Monárquico, Constitucional e Representativo" (art. 3º), sendo que "a dinastia imperante é a do Sr. D. Pedro I, atual Imperador e Defensor Perpétuo do Brasil" (art. 4º).

A Constituição de 1824, nossa primeira Carta Política, nada mais é que a elaborada, por ordem de D. Pedro I, pelo Conselho do Estado. Jurada a 25 de março de 1824, repetia o que normatizavam os artigos 3º e 4º do Projeto. Mais adiante, no artigo 117, regrava: "Sua descendência legítima (de D. Pedro I) sucederá no trono, segundo a ordem regular de primogenitura e representação, preferindo sempre a linha anterior às posteriores...". Observa-se, assim, que o Brasil se iniciou monarquia, qualificando-se como constitucional e representativa e, na linha do Imperador, hereditária.

A forma de governo republicana ingressou no Brasil por ato revolucionário. Em 15 de novembro de 1889, houve a proclamação do governo provisório, decretando-se a deposição da dinastia imperial e, via de conseqüência, a extinção do sistema monárquico representativo. O governo provisório no mesmo dia editou o Decreto nº 1, onde se proclamou estar decretada, como forma de governo da nação brasileira, a República (art. 1º). A Constituição de 24 de fevereiro de 1891 reafirmou a República sob regime representativo (art. 1º).

A Constituição que lhe seguiu, a de 1934, foi republicana (art. 1º); identicamente, a de 1937 (art. 1º), a de 1946 (art 1º), a de 1967 (art. 1º) e a resultante da Emenda Constitucional nº 1/69 (art. 1º). A atual Constituição, do mesmo modo, em seu artigo 1º. Todavia, a Carta de

1988, no artigo 2º do Ato das Disposições Constitucionais Transitórias, assegurou ao povo o direito de definir, através de plebiscito, a forma de governo (república ou monarquia). O resultado plebiscitário foi no sentido de optar pela república.

O Texto Magno de 1967 dizia no artigo 50, parágrafo 1º, que "não será objeto de deliberação a proposta de emenda tendente a abolir a... República". No mesmo sentido, a Constituição de 1969 (art. 47, § 1º). Anteriormente, havia o mesmo impedimento na Constituição de 1891 (art. 90, § 4º) e na Constituição de 1934 (art. 178, § 5º). Tratava-se esta vedação do reconhecimento de ser a república, como forma de governo, cláusula pétrea e, por isso, não passível de reforma até por emenda constitucional. A republicanidade era intocável.

A Carta atual trata expressamente das cláusulas pétreas no artigo 60, § 4º, e não se localiza no elenco apresentado à forma de governo republicana. A república, face a esta omissão, não pode ser objeto de emenda constitucional ou poderá ser abolida pelos meios comuns à reforma constitucional? A questão é fundamental, porque até então o pensamento e conclusão tranqüilos é que a abolição da República só poderia se dar por força de um movimento revolucionário, estruturando-se novamente o Governo.

Pinto Ferreira (*op. cit.*, 3º v., p. 212) sustenta estar impedida a abolição da república porque "a essência da república está no voto direto, secreto, universal e periódico, compondo-se de membros republicanos, contra inovações aristocráticas e monárquicas". E, como se pode ler no artigo 60, § 4º, II, o voto e seus qualificativos estão afastados da possibilidade de modificação por emenda constitucional. O argumento do ilustre publicista é forte. Contudo, outras razões devem ser examinadas.

Questão introdutória é saber o motivo pelo qual o constituinte se omitiu de arrolar a república como cláusula pétrea. Seria porque a entendeu passível de ser reformada ou abolida, ou porque o falar no voto e seus qualificativos seria suficiente? Entendemos que a razão foi outra. Havia previsão do plebiscito de 7 de setembro de 1993. O constituinte raciocinou: se a opção for pela monarquia, não se poderia colocar a república como cláusula pétrea, porque a soberania popular iria preponderar. A omissão era oportuna.

A omissão, portanto, foi por este motivo. Na Constituição de 1988, o poder que emana do povo é exercido através de representantes ou diretamente, isto é, democracia indireta ou direta (art. 1º, parágrafo único), esta através de plebiscitos ou referendos (art. 14). A opção pela forma de governo republicana foi através de consulta à soberania popular, modo direto de exercício da democracia. Tal escolha, portanto, tem mais eficácia e fortidão que a proveniente da representatividade na democracia indireta. Não se vê, por isso, como possam os representantes alterar o que foi decidido pelo povo, no exercício pleno da soberania popular.

O que, como forma de governo, representa a república? Contrapondo-se à hereditariedade que existe nas monarquias, é a forma em que o governo é realizado através de eleição, e não por parentesco ou dinastia. Além do mais, o exercício do poder não se dá vitaliciamente; sim temporariamente. Daí se falar em voto periódico. Estas são, em linhas gerais, as características básicas da República: a eletividade na formação dos governos e a temporariedade no exercício do poder pelos eleitos.

Sahid Maluf (1981, p. 72) apóia-se em Kelsen para sustentar "que a forma republicana caracteriza-se pelo conceito negativo equivalente a *não-monarquia*". Uma contrapõe-se a outra, conforme estamos afirmando. Marcelo Caetano (1977, v. I, pp. 413/416) distingue monarquia e república, usando da mesma técnica. *Monarquia* é forma de governo em que o poder supremo do

Estado está na vontade de uma única pessoa, que exerce a soberania em seu próprio nome, modo hereditário. Ao contrário, na *república* o poder supremo se assenta na coletividade, que exerce a soberania popular, não sendo o Chefe de Governo hereditário.

Contudo, da eletividade do governo se extraem mais duas características: a existência de uma soberania popular e a presença do princípio da isonomia. *Todo poder emana do povo,* diz o parágrafo único do artigo ora anotado. É o povo que, através do voto universal, direto e secreto, com valor igual para todos, escolhe e aponta seus dirigentes. Em outros termos, é a soberania popular, assentada na vontade do povo, que elege seus governantes. O voto censitário, outrossim, onde não existe a soberania popular, foi utilizado no Brasil durante a Constituição de 1824, em que a forma de governo era monárquica.

Em outro livro (*Lineamentos de Direito Eleitoral,* p. 34, Editora Síntese, 1996), dissemos: "O Brasil se utilizou do voto censitário durante a Constituição de 1824. O artigo 92, 5º, dizia que não podia votar nas assembléias paroquiais, entre outros, 'os que não tiverem de renda líquida anual 100$ por bens de raiz, indústria, comércio ou emprego'. Já não podiam votar nas eleições de deputados, senadores e membros dos conselhos das províncias 'os que não tiverem de renda líquida anual 200$000 por bens de raiz, indústria, comércio ou emprego"(art. 94, 1º). A influência do patrimônio na capacidade de votar traduz o que se denomina de voto censitário".

O princípio da isonomia é o da igualdade de todos perante a lei. O artigo 72, § 2º, da Constituição de 1891, deixou bem claro isto, apagando da realidade social brasileira a desigualdade existente na época da monarquia: "Todos são iguais perante a lei. A República não admite privilégios de nascimento, desconhece foros de nobreza e extingue as ordens honoríficas existentes e todas as suas prerrogativas e regalias, bem como os títulos nobiliárquicos e de conselho". As demais Constituições, todas republicanas como a de 1891, inscreveram, em seu texto, a isonomia.

2.2. Federação

Durante o Império, o Brasil foi um Estado unitário, em volta do qual se centralizavam a política, a administração e o comando governamental. Inobstante a existência de várias províncias, a forma de Estado era a unitária. No artigo 1º da Constituição de 1824, lia-se que "o Império do Brasil é a associação política de todos os cidadãos brasileiros. Eles formam uma nação livre e independente que não admite qualquer outro laço algum de união ou federação, que se oponha à sua independência". No artigo 165, regrava-se que "haverá em cada província um presidente, nomeado pelo Imperador, que o poderá remover, quando entender que assim convém ao bom serviço do Estado".

Extraía-se, portanto, da Carta Imperial, uma realidade configuradora do Estado unitário: o Império com a soberania estatal e as províncias sem qualquer autonomia. É o adequável à compreensão do Estado unitário. Themístocles Brandão Cavalcanti (*op. cit.*, p. 168) assim conceitua o Estado unitário: "um só povo, um só território, uma única soberania e um Governo que centraliza, que exerce a plena soberania interna e internacional, representando a vontade do Estado." Outra coisa é a federação.

Na Constituição de 1891, a forma de Estado passou a ser a federalista, ou federativa (art. 1º), com os Estados e Municípios autônomos (arts. 63 e 68). Identicamente, foi o que ocorreu com a Carta de 1934 (art. 1º). A Constituição de 1937 falava que "o Brasil é um Estado Federal" (art. 3º), mas a nomeação de Interventores para os Estados-membros tisnava a federação. O Texto Constitucional de 1946 (art. 1º), bem como os de 1967 (arts. 1º, 13 e 16) e de 1969 (arts. 1º, 13 e 15) referiam-se à federação. A Carta Política de 1988 nada alterou.

A federação brasileira, iniciada em 15 de novembro de 1889 (Decreto nº 1) e confirmada nas demais Constituições, estabilizou-se. Hoje, inclusive, é cláusula pétrea (art. 60, § 4º, I, da CF). Com efeito, nenhuma emenda ou reforma constitucional, tendente a aboli-la, será conhecida ou examinada pelo Congresso Nacional. Não há possibilidade de, por meios lícitos e normais, traduzidos no processo legislativo, de alterar a federação, transformando-a em outra forma de Estado. Resta, em seguimento, definir o que é federação.

Faz-se um parêntese para realçar que o ideal federativo já se exteriorizara bem antes da proclamação da República e da Constituição de 1891. A Carta de 1824 já fora alterada pela Lei nº 16, de 12 de agosto de 1834, alterações produzidas pela Câmara de Deputados, assinada por D. Pedro II. Entre as alterações, criaram-se assembléias legislativas provinciais, cujos membros eram eleitos. Esta modificação dava certa autonomia legislativa às províncias, o que é mais próprio das federações que dos Estados unitários.

Passa à frente, para qualquer enfrentamento possível sobre a federação, uma inicial observação. O Estado Federal brasileiro se compõe, no que interessa, da União e de Estados, como Estado composto que é. A União detém a *soberania* e é a reconhecida no plano do Direito Público Internacional. Neste plano, a estruturação ou forma de Estado pouco interessa, visto que a Federação se configura como uma unidade. A pluralidade de Estados, os Estados-membros, só se configura internamente, no plano de Direito Público Interno.

Os Estados-membros, pessoas jurídicas de direito público interno, não possuem soberania; são *autônomos*. Não se projetam no concerto dos diversos países, senão através da União. Em um razoável nível de coordenação e harmonia, convivem a soberania da União e a autonomia dos Estados, face a uma disciplinação ditada pelas competências extraídas do texto constitucional. Esta coexistência entre a soberania de uma e a autonomia de outros é que vivencia o sistema federativo. Fica, portanto, a idéia central afirmada por Themístocles Brandão Cavalcanti (*op. cit.*, p. 180): "o regime federativo caracteriza-se por um dualismo: União, soberana, Estados, autônomos".

A *soberania* que se projeta internacionalmente tem um conteúdo e extensão. Como extensão no plano interno, nenhum outro ente político e federativo tem o mesmo poder e comando; todos lhe estão abaixo. No plano exterior, as soberanias das outras nações são a ela equiparadas como potências. Como conteúdo, soberania é a qualificação que se dá à União, conferindo-lhe um poder juridicamente ilimitado, mas conforme as competências ditadas no texto constitucional. E, como já se observou, é exigente de respeito e acatação no cenário internacional.

A *autonomia* é uma faculdade concedida a entes federativos - Estados-membros, Distrito Federal e Municípios - para decidirem acerca de sua organização e disciplinação jurídica, mas de forma limitada, visto que agem dentro de um quadro de competência normatizado pela Constituição. A autonomia sempre é referida ao que permite o texto constitucional. Assim, nos termos do artigo 25 da Carta de 1988, "os Estados organizam-se e regem-se pelas Constituições e leis que adotarem, observados os princípios desta Constituição". O mesmo dizem os artigos 32, relativamente ao Distrito Federal, e 29, referentemente aos municípios.

Inconfundíveis federação e confederação. Nesta, os Estados que a compõem não perdem, sob a perspectiva do direito público internacional, a sua individualidade. Continuam pessoas jurídicas de direito público externo e detendo suas soberanias. A própria Confederação não pode invadir temas respeitantes aos Estados que a integram. Celso Ribeiro Bastos (*op. cit.*, 1º v., p. 221) ressalta que "as decisões tomadas ao nível da Confederação dependerão sempre de leis internas de cada um dos Estados, para que se tornem efetivas".

A federação exige, quanto ao Poder Legislativo Federal, o bicameralismo: a Câmara de Deputados e o Senado Federal. Entenda-se. Na formação do Estado, o elemento humano é a população. A Câmara de Deputados é integrada de "representantes do povo" (art. 45 da CF), devidamente eleitos. Na formação da federação, existem os Estados-membros e o Distrito Federal. O Senado Federal é integrado de "representantes dos Estados e do Distrito Federal" (art. 46 da CF), identicamente eleitos.

Na atual Constituição, ao contrário do que ocorria nas anteriores, os municípios passaram a ser partes integrantes da federação, conforme artigo ora anotado. Embora indicação explícita, há discussão quanto a ser o município ente federativo. Um dos argumentos utilizados é que, no Senado Federal, não há representantes dos municípios. O argumento não convence porque o constituinte brasileiro deu configuração jurídica à federação da maneira que lhe pareceu mais conveniente. O que não se pode é, na interpretação, excluir o município da federação contra os claros termos da norma constitucional.

A federação brasileira tem nuances e contornos próprios. Equivoca-se quem quiser buscar, para nossos problemas federativos, soluções encontráveis em outros Estados Federais. Embora, em seu início, a federação brasileira tenha sofrido influência do federalismo norte-americano, há razões históricas suficientes que exigem que o direito comparado seja utilizado com certa parcimônia. Assim, a Constituição da Argentina, reformada em 1994, afirma ser a Argentina Estado Federal (art. 1º), compondo-se a Câmara de Deputados de representantes eleitos pelo povo, e o Senado Federal, de três representantes eleitos por cada província e "tres por la ciudad de Buenos Ayres" (arts. 45 e 54).

Os Estados Unidos da América do Norte nasceram confederação. Treze colônias britânicas, tornadas independentes em 4 de julho de 1776, reuniram-se em 1778 em Congresso, aprovando os *Articles of Confederation*, mantendo-se os treze Estados soberanos, independentes e livres. Em 1787, buscaram rever os artigos da Confederação, na Convenção de Filadélfia. Contudo, para fortalecimento da união, resolvem permanecer autônomos, entregando suas soberanias à federação criada. Como se vê, de confederação transmudaram-se em federação.

No Brasil, a caminhada para a federação foi outra. Nosso Estado jamais foi uma confederação. Nasceu Estado unitário e manteve esta forma durante vários anos. Com a proclamação da República, em 1889, proclamou-se-a federativa (Decreto nº 1). Assim, o caminho percorrido foi outro. Esta observação histórica é relevante para não se entender que a federação da América do Norte seja igual, na estrutura e soluções, à do Brasil. Ambas são federações, mas com suas nuances diferenciativas.

2.3. Estado Democrático de Direito

O Estado de Direito é o oposto do Estado Policial. Neste, há prepotência, valendo a vontade ilimitada do detentor do Poder, tudo girando em volta daquilo que, no momento, entenda conveniente fazer. O Estado de Direito, expressão cunhada a partir do *Rechtsstaat* da literatura alemã, tem significado diverso. Ele se apóia no ordenamento jurídico do País, limitado que fica à lei existente. No exercício do Poder, prioriza-se a legalidade. Neste sentido, conforme magistério de Pinto Ferreira (*op. cit.*, 1º v., p. 32), o Estado de Direito "significa o Estado subordinado ou submetido à legalidade constitucional, ao regime constitucional".

Com esta compreensão, tudo se apoiando na legalidade, pode haver Estado de Direito nas ditaduras. O nazismo hitleriano, certamente, se apoiava em leis, cujo conteúdo traduzia injustiça e iniqüidade. Não basta a legalidade; tem que haver legitimidade do poder e de seu exercício. E isto só ocorre quando a lei está informada daqueles valores ditados pelo povo, axiologicamente adequada aos anseios populares e da sociedade. É legalidade com legitimidade, é lei exercida pelo poder emanado do povo e, por isso, poder legítimo. Daí a Constituição falar, no artigo ora anotado, em *Estado Democrático de Direito*, como já falara no Preâmbulo em *Estado Democrático*.

Democracia é o governo do povo, visto que o poder é dele originado, exercido em nome dele e para ele. A expressão *todo poder emana do povo*, presente nas Constituições democráticas, é corolário da democracia. Este regramento é básico na democracia e qualquer lei que dele destoa, ou qualquer interpretação de lei que viole o regramento básico, ou qualquer conduta do governante que não se harmonize com esta idéia, é orientação antidemocrática, nega o próprio Estado de Direito constitucional e, via de conseqüência, é inconstitucional. Democracia não é regramento programático; é norteamento imperativo.

A democracia não é constatada somente no momento de sua formação; principalmente durante seu exercício. Quando, com base em equivocados princípios econômicos, se apóia grupo ou setores bem localizados em detrimento de atividades prioritárias como a da saúde e assistência social, não se está governando em nome do povo e para o povo. Identicamente, quando se altera o texto constitucional para beneficiar alguns grupos ou para satisfazer interesses pessoais, e há omissão quanto a diplomas legais (o dos juros reais, por exemplo, referido no § 3º do artigo 192 da CF) - a inconstitucionalidade referente à democracia é evidente.

O mundo apresentou exemplos de democracias em que o próprio povo, sem qualquer representante, exercia a soberania popular. Em grandes assembléias, através de discussão e votação, administrava-se, legislava-se e se julgava. Era o que se denomina de *democracia direta*. Assim ocorreu em alguns cantões suíços e, mais remotamente, em Atenas, na época de Péricles. Hoje, face ao número de habitantes, há impossibilidade física de reuniões assembleares. Passa-se a adotar, por isso, a *democracia indireta*, em que, nas decisões e discussões, o povo é substituído por representantes eleitos. Esta impossibilidade atual faz com que Manoel Gonçalves Ferreira Filho (1995, p. 57) diga que a democracia direta "é uma reminiscência histórica ou uma curiosidade quase que folclórica".

A Constituição de 1988 adotou, para o exercício normal, a democracia indireta, mas, como exceção, admitiu-a na forma direta. É a regra contida no parágrafo único do artigo em anotação: "Todo o poder emana do povo, que o exerce por meio de representantes ou diretamente, nos termos desta Constituição". A designação de representantes - Presidente, Governadores e Prefeitos; senadores, deputados federais, estaduais e distritais; e vereadores - se dá por eleições periódicas, na forma dos princípios republicanos assentes no Texto Magno.

Outra coisa é a democracia direta, em que o próprio povo, sem representantes eleitos previamente, exerce a soberania popular diretamente, modo imediato. A democracia direta é exercida nos termos constitucionais e nas hipóteses previstas na Constituição. Há, no elenco ditado no Texto Supremo, taxatividade, e não caráter exemplificativo. Portanto, o rol é exaustivo, configurando-se como um *numerus clausus*. O artigo 14 da Carta em vigor indica as hipóteses em que, nos termos da lei, haverá democracia direta: plebiscito, referendo e iniciativa popular.

Plebiscito é consulta popular. Seu caráter não é opinativo. Tem natureza de decisão irrecorrível. O que, no plebiscito, decidir o povo, é intocável pelos representantes no exercício da democracia indireta. Se todo poder emana do povo, detentor da soberania popular, só o próprio povo, através de outro plebiscito, poderá alterar o que decidiu anteriormente. No conflito entre a vontade do representado e a vontade do representante, prioriza-se aquela. Estas noções são fundamentais à compreensão da consulta plebiscitária.

O artigo 2º do Ato das Disposições Constitucionais Transitórias previu o plebiscito, que se realizou a 7 de setembro de 1993, para que o povo definisse e optasse entre república e monarquia e entre parlamentarismo e presidencialismo. A opção foi pela República e o presidencialismo. A partir daí, tais escolhas passaram a se categorizar como cláusulas pétreas e não poderão ser alteradas por emendas constitucionais, que são exercício de democracia indireta. O artigo 18 da CF, em seus §§ 3º e 4º, prevê consulta plebiscitária prévia para criação, incorporação, desmembramento e fusão de Estados e Municípios.

Referendo também é consulta popular não-opinativa. Tem eficácia de resolução definitiva e intocável, porque é decisão da soberania popular. Neste aspecto, nenhuma diferença com o plebiscito. Inclusive, assim como a autorização do referendo, a convocação do plebiscito é da competência exclusiva do Congresso Nacional (art. 49, XV, da CF). Em 2 de setembro de 1961, através da Emenda Constitucional nº 4, foi instituído o sistema parlamentar de Governo, para resolver grave crise política. A Lei Complementar nº 2, de 16 de setembro de 1962, determinou que, a 6 de janeiro de

1963, fosse a Emenda Constitucional submetida, o que ocorreu, "a *referendo* popular" (art. 2º).

O problema se localiza, de momento, na diferença entre plebiscito e referendo que, no artigo 14 do Texto Constitucional, são coisas diferentes. A dificuldade na diferenciação está na má utilização das palavras nos textos constitucionais. Assim, a consulta popular acerca da instituição do parlamentarismo tinha a mesma natureza da consulta popular com base no artigo 2º do ADCT. Contudo, lá se denominou a consulta como sendo referendo e, aqui, como ocorrendo plebiscito. A utilização assistemática dos termos dificulta a diferenciação. Este é o aspecto técnico preocupante.

Temos para nós, superada a má utilização das palavras, que plebiscito e referendo se diferenciam pelo momento em que ocorrem. O *plebiscito* é consulta prévia quanto a alguma coisa que o Poder pretende fazer ou realizar, mas ainda não foi feito ou realizado. O plebiscito e notadamente seu resultado têm o significado de pressuposto fundamental para a realização do ato consultado. O *referendo* é aprovação ou não de alguma coisa que já se realizou. O resultado do referendo atua como condição necessária à manutenção ou desfazimento do que foi realizado. É consulta *a posteriori*.

O conceito de referendo vem da semântica. Todo referendo é aceitação de alguma coisa já realizada. Isto é por demais claro. Já plebiscito, semanticamente, é o modo de o povo, diretamente, manifestar sua opinião a respeito de alguma coisa. Em tese, poderia ser manifestação prévia ou posterior, porque sempre haveria manifestação direta do povo. Assim, não haveria equívoco se dizer que, no referendo, a consulta é plebiscitária. Plebiscito vem de *plebis* - plebe, povo - e *scitum* - decretar. Entretanto, como referendo já ocupou espaço para sua definição, o plebiscito é adequado à situação em que a consulta é, sempre, prévia.

A *iniciativa popular* é um aspecto da democracia direta. Na verdade, é atuação da soberania popular no processo legislativo, em sua etapa inicial. Entre as etapas na formação da lei, há a de apresentação do projeto, a que se denomina de iniciativa. O artigo 61, § 2º, da CF, regra que "a iniciativa popular pode ser exercida pela apresentação à Câmara dos Deputados de projeto de lei subscrito por, no mínimo, um por cento do eleitorado nacional, distribuído pelo menos por cinco Estados, com não menos de três décimos dos eleitores de cada um deles". Na realidade, na iniciativa popular, há exercício de democracia mista.

2.4. Fundamentos

A República Federativa do Brasil, constituída como Estado Democrático de Direito, tem finalidades prioritárias, todas elas direcionadas e com pretensão ao progresso do País. As finalidades englobam metas a serem alcançadas e, por isso, perseguidas constantemente. O tema referente a este ponto, mais precisamente aos objetivos fundamentais pretendidos, será examinado nas anotações ao artigo 3º da CF. Outra coisa, e que será objeto das anotações neste item, é o que interessa aos fundamentos da República, naquilo em que ela se baseia e se apóia para existir. Pelo artigo ora anotado, são a soberania, a cidadania, a dignidade da pessoa humana, os valores sociais do trabalho e da livre iniciativa e o pluralismo político.

Nos estudos feitos na área da Teoria Geral do Estado, a organização estatal para se configurar como pessoa jurídica de direito público com existência no Direito das Gentes, isto é, respeitado e admitido no concerto dos demais Estados, deve deter um Poder Político - poder próprio para criar e disciplinar normas jurídicas, com meios de coação que se façam necessários, para aplicação em seu território e no povo que o habite. Não só, na verdade, Poder Político, mas este qualificado de superior e independente de qualquer outro Estado. Ao Poder político assim qualificado, dá-se o nome de *soberania*.

Deste modo, a soberania não se reflete pelo fato de haver uma República Democrática e Federativa. A qualidade de soberano existe em qualquer Estado independente, seja monarquia, ditadura ou unitário. O Brasil-Império foi soberano, mesmo adotando a forma unitária de Estado. Identicamente foi, inobstante uma monarquia. A ditadura Vargas e o período da Revolução de 1964, em seu início, não deixaram de ser soberanos, embora afastada a Democracia. Com esta compreensão, a de que a soberania existe em qualquer Estado independente, é que se deve ler o inciso I do artigo ora anotado. O Brasil é um país soberano, reconhecida sua independência no plano do Direito Internacional.

A soberania se mede tanto no plano interno como no externo. Simplesmente para traduzir a idéia extraída da palavra, no plano interno, do próprio Estado independente, é o poder supremo acima do resultante da autonomia dos Estados-membros, tratando-se de uma federação. Chama-se a atenção, contudo, que, na prática, a soberania não é tão suprema ou ilimitada, porque é disciplinada pelas regras de competência inscritas no texto constitucional. No caso brasileiro, em que se saiu de um Estado unitário para uma Federação, os Estados-membros reservaram para si alguns poderes, limitando a soberania interna.

A constatação da limitação do poder político dito soberano não se dá, exclusivamente, através da definição das competências. Há, no próprio texto constitucional, certos instrumentos que levam a esta limitação. A separação dos Poderes, a ser estudada no artigo 2º, é uma das técnicas. As normas relativas à declaração de direito (direitos e garantias individuais) são instrumentos da limitação. Acresce, ainda, o fato de estes dois processos limitativos se qualificarem como cláusulas pétreas (art. 60, § 4º, III e IV, da CF). O importante à conclusão é que a soberania, na verdade, só se limita no próprio ato em que se auto-estrutura o Estado: a Constituição.

No plano do Direito Internacional, a soberania não é um *plus* nem um *minus*. Identifica-se pela identidade e igualdade no conjunto dos demais Estados, que são iguais entre si. Nenhuma soberania é mais extensa ou menos ampla que outra. Todas são iguais, porque há acatação recíproca e respeito mútuo. Na visão externa, esta é a compreensão de soberania. Secundários o conteúdo e a extensão. Fundamental é que, apoiada na independência dos Estados, a soberania inadmite poder mais elevado que ela.

No que diz respeito à *cidadania* e no magistério de A. de Sampaio Dória (1960, v. III, p. 541), "a cidadania brasileira era a nacionalidade brasileira", a teor dos artigos 6º da Constituição de 1824 e 69 da de 1891. A Constituição de 1946 manteve uma distinção operada desde a Carta Política de 1934: nacionalidade era uma coisa, e cidadania, outra: "*cidadania* como o ingresso no gozo e exercício dos direitos políticos" (p. 551). A Carta Política de 1967 (arts. 140 e 142) e a de 1969 (arts. 145 e 147) reafirmaram a idéia: inconfundibilidade entre a nacionalidade e a cidadania, esta com aptidão para os direitos políticos. Idêntica é a conclusão extraída dos artigos 12 e 14 da Carta de 1988.

Quando o artigo ora anotado fala, como fundamento de nossa República, em cidadania, estaria pensando exclusivamente no nacional, nato ou naturalizado? A resposta é negativa, porque o conceito de cidadania como nacionalidade já está excluído do ordenamento constitucional desde 1934. *Cidadão* seria, então, somente o detentor de direitos políticos, como vem se formando o novo conceito? Não temos nenhuma dúvida que, limitado ao campo dos direitos políticos, pode se denominar de cidadão aquele que os detém, com direito a voto e/ou com direito de ser votado. Todavia, como fundamento da República, como se entender cidadania?

A compreensão de cidadania no artigo ora anotado é bem mais ampla que a de nacionalidade e a de possuidor de direitos políticos. Cidadania é aquela qualidade do ser humano que o faz merecedor da tutela do Estado. A interpretação sistêmica do Texto Constitucional leva a esta conclusão. Assim, o artigo 5º, *caput*, da CF, regra que todos são iguais perante a lei, sem distinção de qualquer natureza: de raça, de idade, de sexo, etc. E no *todos*, inclui brasileiros e estrangeiros aqui residentes, para impedir qualquer violação de seus direitos. No que se refere especificamente ao direito à saúde, afirma que é "direito de todos e dever do Estado" (art. 196 da CF).

A cidadania alarga a abrangência da tutela do Estado, alcançando a todos, nacionais e estrangeiros aqui residentes, indistintamente. O inciso III do artigo ora anotado - "a dignidade da pessoa humana"- dá a extensão da tutela e o objetivo a alcançar quanto aos residentes. Celso Ribeiro Bastos (*op. cit.*, 1º v., p. 125) anota: "É de lembrar-se, contudo, que a dignidade humana pode ser ofendida de muitas maneiras. Tanto a qualidade de vida desumana quanto a prática de medidas como a tortura, sob todas as suas modalidades, podem impedir que o ser humano cumpra na terra a sua missão, conferindo-lhe um sentido".

Não se pode negar que inexiste medida certa que sirva como parâmetro para se preencher o significado de dignidade humana. Em seu conteúdo, se localizam a satisfação de necessidades normais do ser humano, a saúde ou hospitais, médicos e medicamentos para o enfrentamento de doenças, um mínimo de satisfação de lazer, etc. É, por isso, regra programática cujo conteúdo pode ser maior ou menor, mas sempre perseguido por políticas governamentais. De qualquer forma, sempre considerando o momento em que se encontre, deve significar uma atividade estatal prioritária e constante.

Na Bíblia, há uma visão equivocada do trabalho humano quanto à sua origem. Lá se lê que, no Eden, não havia trabalho, e Adão e Eva, ao serem expulsos do Paraíso, sofreram a pena do *ganharás o pão com o suor do teu rosto.* Na realidade, pelo menos na perspectiva atual, o não ter nada o que fazer é, paradoxalmente, cansativo, e o trabalho não pode ser visto como uma maldição. Na legislação brasileira, o não trabalhar, ficando em ócio, tem tipicidade penal, configurando-se como contravenção penal, embora o injusto "sem ter renda que lhe assegure meios bastantes de subsistência"(art. 59 da Lei de Contravenções Penais). O trabalho é uma obrigação social para ricos e para pobres.

O artigo ora anotado, no inciso IV, elenca como fundamento da República os *valores sociais do trabalho.* Na área em que esta valorização irá atuar mais intensamente, em consonância com outro fundamento - a livre iniciativa -, é a da ordem econômica. Ressalta-se, porém, que, não obstante estejamos na época do neoliberalismo, este não pode preponderar sobre os valores sociais do trabalho, porque, constitucionalmente, há um binômio que deve ser utilizado de modo coordenado, sem qualquer prioridade de um sobre o outro. O próprio inciso IV em anotação elenca os dois fundamentos no mesmo lugar, indicativo do tratamento coordenado.

O último fundamento citado é o do *pluralismo político.* A idéia aqui contida concerne a existência não do bipartidarismo; sim do pluripartidarismo. Na certeza de que as idéias políticas não podem se organizar com base em dois únicos compartimentos visto a variedade ideológica, o pluralismo político é uma conseqüência democrática. Na verdade, o pluripartidarismo é faceta de uma orientação maior de nossa democracia. No Preâmbulo, a Constituição fala em *sociedade pluralista,* o que significa, modo mais amplo, em pluralismo sindical, de universidades, de religiões, etc.

3. *Artigo 2º*

São Poderes da União, independentes e hamônicos entre si, o Legislativo, o Executivo e o Judiciário

3.1. Poder

Considerando o relacionamento social e, mais amplamente, o relacionamento estatal, Poder tem o significado de se atribuir a alguém, ou a algum órgão, o comando, passando o Poder a dirigir, disciplinar e imperar relativamente a todas as outras pessoas e órgãos. Como já visto nas anotações ao artigo 1º, na estrutura de um Estado independente há o Poder Político soberano que sempre será uno. O artigo ora em comento, entretanto, pelo menos gramaticalmente, dá a entender haver uma tripartição de poderes. Em outras palavras, três Poderes, o que afastaria a alegação de ser o Poder uno e, por isso, supremo, configurativo de soberania.

Na verdade, porém, o Poder é um só. Há um desdobramento de funções, buscando-se categorizá-las pelo conteúdo. Em linhas gerais, há funções institucionais típicas que dão o objeto do Poder. Pelo artigo 2º, as funções típicas categorizáveis são as de legislar, de administrar e de julgar conflitos que se formam. Tais funções, sendo específicas, desdobram os atos do Poder. Falar-se em tripartição de poderes tem esta compreensão. O Poder é único, mas se especializa diante das funções típicas e categorizadas, falando-se, por isso, em Poder Executivo, Legislativo e Judiciário. Em outras palavras, o Estado enquanto administrador, legislador e julgador.

Celso Ribeiro Bastos (*op. cit.*, 1º v., pp. 430/431) chama atenção para este aspecto: "Daí ser incorreto afirmar-se a tripartição de poderes estatais, a tomar essa expressão ao pé da letra. É que o poder é sempre um só, qualquer que seja a forma por ele assumida. Todas as manifestações de vontade emanadas em nome do Estado reportam-se sempre a um querer único, que é próprio das organizações políticas estatais". Tecnicamente, portanto, as funções que se categorizam em três são comandadas por um Poder único que, neste sentido e por especialização, desdobra sua atividade em três setores, impropriamente chamados de Poderes. Com esta explicação, não se vê qualquer impropriedade em chamar os setores de Poderes.

Esta tripartição das funções estatais, em executiva, legislativa e judiciária, é antiga, dela, inclusive, falando Aristóteles, que é de 384 a.C. Na verdade, porém, quem sistematizou a idéia, dando-lhe uma visão jurídica moderna mais adequada, foi Montesquieu. Observa-se, contudo, que a tripartição, que acompanhou todos os textos constitucionais brasileiros, com exceção de um, cedeu na Carta Política de 1824, nossa primeira Constituição. A regra da Constituição Imperial levou a categorizar os denominados Poderes em quatro. Na quatripartição, havia os Poderes Executivo, Legislativo, Judiciário e mais um.

Com efeito, lia-se no artigo 10 da Constituição de 1824, que "os poderes públicos reconhecidos pela Constituição do Império do Brasil eram quatro: o Poder Legislativo, o poder moderador, o poder executivo e o poder judicial". Mais explicitamente, o Poder Legislativo entregue a uma assembléia geral com a sanção do

Imperador (Câmara de Deputados e Senado); o Poder Executivo, cujo chefe era o Imperador; o Poder Judicial, composto de Juízes e Tribunais de Justiça, e o Poder Moderador que, na forma do artigo 98, era "a chave de toda a organização política" e "delegado privativamente ao Imperador".

O que seria o *Poder Moderador*? Com a finalidade de manter a independência, a harmonia e o equilíbrio dos Poderes Executivo, Legislativo e Judiciário, havia o quarto Poder, o denominado Poder Moderador. Sua função típica, portanto, era de valer sobre os demais poderes, evitando, em tese, a submissão de um sobre outro - o que violaria a independência dos Poderes - e os atritos entre os poderes - o que infringiria o princípio da harmonia. Visto de longe, porém, o Poder Moderador nada mais significava que a prevalência do Executivo - cuja chefia era do Imperador - sobre os demais Poderes. Em outros termos, era a ofensa à independência e harmonia entre os Poderes.

Em sede de doutrina, foi Benjamin Constant, suíço de nascimento e naturalizado francês, quem sistematizou e justificou, em 1814, o denominado Poder Moderador. Argumentava: se os três Poderes tradicionais eram independentes e houvesse conflito entre eles, teria que haver um quarto poder, para solucionar os conflitos. A idéia era lógica e razoável. Entretanto, como se lê em Marcelo Caetano (1977, pp. 240/241), "essa força não pode ser a de nenhum dos três poderes porque, nesse caso, o que a tivesse subordinaria ou determinaria os outros". A Constituição de 1824, entregando o Poder Moderador a um dos três originais, era campo para desarmonia e desequilíbrio.

Afonso Arinos de Melo Franco (1960, v. II), que diz ser o Poder Moderador "uma excrescência constitucional" (p. 94), afirma "a influência pessoal do imperador na inserção do Poder Moderador, que tanto interessava ao seu apetite de mando" (p. 91), fazendo justiça a

D. Pedro II, ao argumentar que o Poder Moderador não foi "um estorvo, no Brasil, graças, em boa parte, às qualidades pessoais de Pedro II" (p. 94). A influência de D. Pedro I, na introdução do Poder Moderador na Carta de 1824, está comprovada historicamente.

Com efeito, no projeto de Constituição, elaborado pela Comissão da Assembléia Constituinte, só havia a previsão de três poderes (art. 39). Este projeto é de agosto de 1823. No projeto de Constituição redigido pelo Conselho de Estado, de Conselheiros nomeados livremente pelo Imperador, aparece o Poder Moderador. O projeto é de dezembro de 1823, pois é este último projeto que foi jurado e se transformou na Constituição de 1824, por determinação de D. Pedro I (Decreto de 11 de março de 1824). O Poder Moderador, portanto, se configurava como um poder pessoal e supremo acima dos outros.

3.2. Funções institucionais

Quem, pela vez primeira, detectou, distinguindo, as funções comuns de uma organização estatal - executiva, legislativa e judiciária - foi Aristóteles. Detectou-as e as definiu, encerrando assim o seu trabalho. Sentiu, explicitou e categorizou. Contudo, a sua visão a respeito era encontrada qualquer que fosse a forma de governo ou de Estado. As três funções existiam, por exemplo, nos governos tiranos. Isto porque o pensador de Macedônia não estendeu seus estudos para afirmar que cada função devesse ser exercida por um órgão específico do Poder. Na tirania, as três funções existiam, mas todas exercidas pelo mesmo tirano.

O pensador francês Montesquieu foi bem mais longe, sistematizando a tripartição das funções. Definiu-as e categorizou-as. Mas acrescentou uma conclusão, para evitar o abuso ou irregularidade do exercício do poder. Cada função institucional deveria ser exercida por órgãos estatais diferentes. As funções, em princípio, eram as mesmas de Aristóteles, porém, não seriam exercidas por uma só pessoa ou órgão. Assim, em observação moderna, a função legislativa, a executiva e a judiciária seriam, respectivamente, realizadas pelo Poder Legislativo, Poder Executivo e Poder Judiciário. Era o excepcional acréscimo dado pelo pensador da França.

Função típica tinha que ser exercida por órgão específico, hoje denominado Poder. A *função executiva* era de gerenciamento da coisa pública, consistia na própria administração pública. Ao Poder Executivo, como idéia, cabia exercer toda atividade cujo conteúdo fosse executivo: nomear funcionários, organizar e executar planejamentos governamentais, etc. A *função legislativa* tinha seu conteúdo específico: fazer leis, criando suportes fáticos para aplicação futura, sem direcionamento normativo individual ou pessoal. A normatização não devia ser concreta; sim abstrata. A *função judiciária* estava informada pela prestação de soluções aos conflitos formados entre as partes. Ao Poder Legislativo e Judiciário se atribuíam, respectivamente, as funções típicas legislativas e judiciárias.

Esta orientação quanto à competência exclusiva do Poder específico para exercer atividades típicas, por ser drástica, veio a ser insatisfatória. Celso Ribeiro Bastos (*op. cit.*, p. 434) ressalta que "depois de introduzida com grande rigor pelas Revoluções Americana e Francesa, a separação rígida de poderes afigurou-se inviável na prática. Isto basicamente devido à necessidade que os poderes criados se tornassem tão independentes a ponto de se desgarrarem de uma vontade política central que deve informar toda a organização estatal". É quando aparecem, para amenizar a rigidez da separação dos poderes de Montesquieu, as denominadas *funcões atípi-*

cas, que transitam em cada Poder. Mas que são funções atípicas?

Na verdade, funções atípicas objetivam aviventar a independência dos Poderes, impedindo que um Poder tenha o exercício obstado, ou dificultado, por outro. Funções atípicas são aquelas exercidas por um Poder e que não têm, ontologicamente, o mesmo conteúdo da função típica específica. Seria a atribuição a um Poder, o Judiciário por exemplo, de funções judiciais - e, por isso, típicas - e outras não-judiciais - e, como conseqüência, atípicas. Esta compreensão se vincula a uma idéia. Se as funções atípicas fossem atribuídas a diferente Poder, este, se omitindo, prejudicaria o outro Poder, dependizando-o. As funções atípicas se justificam por serem necessárias à independência do Poder.

Ao Poder Judiciário cabe a função típica de prestar jurisdição. Instalado o conflito de interesses entre as partes, tecnicamente chamado de lide, cabe ao Judiciário, obedecido o princípio da demanda, necessidade de provocação do interessado, dirimir o conflito. É sua função típica e preponderante. Contudo, outras atribuições existem, que se demonstram necessárias à sua independência. Assim, há a atribuição dos Tribunais de elaborar seus regimentos internos (art. 96, I, *a*, da CF) e nomear seus juízes e funcionários (art. 96, I, *b* e *e*, da CF). Estas últimas atribuições seriam funções, por sua natureza legislativa e executiva, típicas de outros Poderes. Função atípica de um Poder é, portanto, a que foi excluída de outro Poder, mesmo sendo típica a ele.

A função de legislar é do Poder Legislativo. Obediente ao processo pertinente constitucional, cria a norma legal, que se afigura, no ato de criação, como abstrata, somente se concretizando, posteriormente, ocorrendo o suporte fático da incidência. É a função típica do Legislativo. Todavia, este tem funções judiciais - a de processar e julgar o Presidente e o Vice-Presidente, etc., nos crimes de responsabilidade (art. 52, I e II, da CF)

- e executivas (arts. 51, IV, e 52, XIII, da CF). Tais funções, ontologicamente estranhas à função legislativa, são funções atípicas, pois retiradas de outros Poderes.

O Poder Executivo tem, identicamente, funções atípicas. Em princípio, sua atribuição específica concerne a administrar a coisa pública, gerenciando a política governamental. O Presidente da República, como Chefe do Poder Executivo, nomeia e exonera Ministros de Estado, dispõe sobre a organização e funcionamento da administração federal, celebra tratados e convenções *ad referendum* do Congresso Nacional, etc. Mas tem funções atípicas. Por exemplo, edita medidas provisórias com eficácia temporária de lei (art. 62 da CF), bem como leis delegadas (art. 68 da CF), ambas de conteúdo tipicamente legislativo.

As funções atípicas, que põem em plano secundário serem ontologicamente típicas, se justificam por três ordens de razão. Ou por serem necessárias assim se entenderem para garantir a independência de cada Poder. Ou para evitarem a suspeita de abuso do próprio Poder (v.g., julgamento pelo Poder Legislativo - Senado Federal - dos Ministros do STF que, em caso contrário, seriam julgados por seus Pares - art. 52, II, da CF). Ou por outras razões de conveniência, percebidas pelo Constituinte (edição de medidas provisórias e de leis delegadas).

3.3. Independência e harmonia

O texto constitucional enfocado diz que os Poderes são independentes entre si. Por isso, esta independência deve ser examinada em suas nuances, mais propriamente em dois momentos: na formação e no exercício. No ato de formação, quando, na hipótese do Legislativo e Executivo, há o certame eleitoral e, tratando-se do Poder Judiciário, a nomeação da pessoa do magistrado. Outro momento da apuração da independência é, após efetivada a criação, a etapa do exercício das funções. Nestes dois momentos é que a independência deve ser examinada.

Os Poderes Legislativo e Executivo se formam através do processo eleitoral. Como são representantes do povo, cabe à soberania popular, através do eleitorado, elegê-los. No regime democrático, as eleições, para alcançarem as efetivas vontade e representação populares, devem ser normais e legítimas. Qualquer anormalidade ou ilegitimidade conspurca o resultado do certame eleitoral, obscurecendo a alegada independência. A própria Constituição, no intuito de purificar o pleito eleitoral, rejeita a influência do poder econômico ou político (art. 14, § 9º). O que se pretende é a formação de um Poder independente, sem compromissos a não ser com o programa partidário e a vontade do povo.

Na formação do Poder Legislativo pode haver, como exceção, a anormalidade ou ilegitimidade, que termina por negar a independência como qualificativo do Poder. Tudo transcorrendo normalmente, vai haver, ou pode haver, no exercício da função legislativa, influência forte de bancadas que se formam faticamente: bancada ruralista, bancada de jornalistas, bancada de empresários, etc., parcializando-se o próprio exercício institucional. É a influência, no exercício das funções, destas circunstâncias endógenas, que se localizam internamente no órgão detentor do Poder. Tais circunstâncias, porém, nada têm de inválidas, porque se inserem em nossa sociedade pluralista.

O Poder Executivo também é independente. Na formação e no exercício. Podem ocorrer, todavia, influências exógenas que, na prática, reduzem o exercício desta independência. Qualquer cientista político sabe que um candidato a Presidente da República, ou a qualquer outro cargo executivo, para viabilizar sua eleição, assume compromissos na campanha, desconhecidos e até negados ao eleitorado. Tais compromissos serão honrados quando no exercício do Poder, o que é forma de limitação da independência. Tais condutas, enquanto não ingressarem no terreno da ilicitude, são razoavelmente admitidas na prática política.

O Poder Judiciário não se forma eleitoralmente. Os magistrados ou serão nomeados após prestação de provas e títulos, ou escolhidos no quinto constitucional ou nomeados para os Tribunais Superiores após aprovação por voto secreto e argüição pública, pelo Senado Federal. O processo de nomeação e escolha afasta a possibilidade, pelo menos em alto percentual, de anormalidade ou ilegitimidade. A independência no ato de julgar se apóia nas garantias dos juízes: vitaliciedade, inamovibilidade e irredutibilidade de vencimentos. Qualquer destas garantias que desapareça, traz, como resultado, a dependência do Poder.

O fato de os Poderes, em sua tríplice funcionalidade, emanarem de um único Poder Político soberano e serem independentes entre si, poderia levar a uma situação de desarmonia e desequilíbrio. A independência nas funções levada à maior potência pode-se incompatibilizar com a unidade do Poder e com a execução coordenada. Isto pareceu claro a Benjamin Constant ao propugnar a existência de um Poder Moderador, atribuição específica de outro órgão que, na possível divergência de ação entre os demais Poderes, solucionaria o conflito, harmonizando e coordenando todas as funções, evitando o desequilíbrio.

Mesmo a existência de um Poder Moderador entregue a órgão diferenciado dos demais Poderes - contrariamente ao que aconteceu no Brasil-Império, em que o Poder Moderador e o Poder Executivo estavam delegados à mesma pessoa -, não parece solução para o problema da coordenação dos Poderes. A existência de um Poder Moderador, nos moldes propostos pelo publicista francês, levaria necessariamente a duas constatações, presente a visível submissão dos Poderes ao Conservador: a) nenhum dos três Poderes - Legislativo, Executivo ou Judiciário - poderia ser considerado independente. Sempre estariam sujeitos às soluções imprimidas pelo Moderador; b) o Poder Moderador caracterizar-se-ia como o único independente.

A Constituição normatiza, no artigo em anotação, que os Poderes, além de independentes, são harmônicos entre si, o que tem o significado de se entrelaçarem e coexistirem com exata coordenação. Este é o grande problema, de aparente dificuldade. Como três Poderes podem ser, entre si, independentes e, ao mesmo tempo, com exercício harmonizado, o que pressupõe limitação de independência? A arte política é mais sábia e satisfatória que raciocínios, desenhados na lógica das palavras, mas com esquecimento da observação sistêmica que se deve fazer de um repositório constitucional.

Fala-se, para garantir a harmonização entre os Poderes no exercício de suas funções, em um *sistema de freios e contrapesos*, o que importa, na verdade, numa interpenetração entre as funções institucionais. E tal efetivamente ocorre e, muitas vezes, o preenchimento se dá através de funções atípicas. O veto, por exemplo, é instrumentalização relativa ao sistema de freios e contrapesos. Etapa do processo legislativo, que tem conteúdo de função de legislar, é exercido pelo Poder Executivo. Na nomeação de ministros dos Tribunais Superiores, há competência do Executivo complementada pelo Legislativo, através do Senado Federal. O Judiciário declara inconstitucionalidade de leis em tese. Tudo representando coordenação.

3.4. Delegação de Poderes

A gama de atribuições de um determinado Poder fica na área de sua competência exclusiva. É entregue a ele a função de, obedecidos critérios próprios e pertinentes, preencher as atribuições, ou administrando ou legislando ou prestando jurisdição. O que se indaga neste momento é se cada Poder estaria autorizado a criar um *plus* de atribuições em conseqüência da renúncia parcial de atribuições feita por outro Poder. Objetivamente, se, por ato convencional ou convenial, se transferir função típica ou atípica de um Poder para ser exercitada por outro Poder, estará se realizando uma delegação de poderes. O entendimento é simples. Mas há uma pergunta que se forma de início. Será possível esta transferência?

Observados os limites lexicológicos - delegação de poderes conteúdo da competência, o que equivale à delegação de funções -, o tema concernente ao presente item traz uma idéia pura, a que envolve transmissão de atribuições. Seria, portanto, uma transferência qualificável como objetiva, sendo o objeto da delegação o conteúdo da função institucional. Estranha, neste preciso momento, a temática relacionada à transferência da pessoa física pertencente a um Poder, sem que dele se desvincule juridicamente, para que exerça, eventual ou temporariamente, as funções de outro Poder, nele ingressando. Esta transferência, a que se poderia denominar de delegação de poderes subjetiva, está fora destas anotações, no seu enfrentamento genérico.

Esclareça-se, porém, um ponto fundamental à compreensão do problema. Nenhuma lei infraconstitucional pode, validamente, alterar conteúdo de competência funcional dos Poderes. O princípio da conformidade das leis subconstitucionais às normas constitucionais, é obstáculo. Estando as normas constitucionais no ápice do arcabouço jurídico, há que se cumprir o regramento relativo à hierarquia das leis. A delegação por força de lei subconstitucional cai na invalidade e ineficácia porque evidente a ofensa à hierarquia das leis e, como conseqüência, a inconstitucionalidade da lei delegante.

Assim, o ponto em exame, no presente item, se limita à delegação que adviesse do ato convencional, ou convenial, entre os Poderes.

A resposta à indagação sobre a possibilidade, ou não, de delegação de poderes objetiva não pode levar em consideração o fato de, por previsão do próprio Texto Maior, ser possível, em alguma hipótese, delegação. O artigo 68 da CF normatiza que "as leis delegadas serão elaboradas pelo Presidente da República, que deverá solicitar a delegação ao Congresso Nacional". É um caso evidente de delegação de poderes do Legislativo ao Executivo. Mas não se trata, à evidência, de uma regra geral. O simples fato de haver disposição expressa é indicativo de que pode se tratar de exceção. Como é consabido, a Constituição que cria uma regra ou um sistema, ela mesma pode excepcioná-lo.

Já houve, em outras Constituições brasileiras, previsão expressa de indelegabilidade de funções. Assim, nas Constituições de 1934 (art. 3º, § 1º), de 1946 (art. 36, § 2º) e de 1967/69 (art. 6º, parágrafo único). A explicitude normativa evidenciava o mandamento constitucional e tolhia qualquer discussão a respeito. Não se pode interpretar contrariamente ao que está explícito, nem há necessidade de outros fundamentos para extrair da norma o que ela já diz. O problema começa a aparecer havendo omissão no texto constitucional. A atual Carta Política se omitiu, nada dizendo a respeito. A partir daí as indagações aparecem e se justificam. E a necessidade de responder pela delegabilidade ou indelegabilidade toma volume.

Toda delegação de atribuições é renúncia à independência do Poder, ou à parte desta. A Constituição fala que os Poderes são independentes entre si. No instante em que haja a transferência de uma função de um Poder para o outro, parte do conteúdo da independência do primeiro está sendo cedida para o segundo. A conclusão é irretocável. O Poder delegante está, relativamente ao Poder delegado e à atribuição transferida, se dependizando. O que ao transmitente caberia fazer, consideradas regras de conveniência próprias, ele fica impedido de fazê-lo, porque a competência passou a outro. Desta simples constatação, vê-se que há incompatibilização entre a delegação de poderes objetiva e a independência dos Poderes entre si, que é mandamento constitucional. A delegação de poderes não consoa com o sistema constitucional.

Há outro argumento. A separação de Poderes é cláusula pétrea (art. 60, § 4º, III, da CF). A divisão de atribuições, ou funções, entre os Poderes é regra que envolve competência ditada constitucionalmente, presente o interesse público. No instante em que se pretendesse, a título de delegação de poderes, aumentar a competência de um deles, a infringência constitucional se afiguraria evidente. Seria ilógico que o inadmitido ser disposto em lei pudesse ser por ato convenial entre os Poderes. E não só isto. Numa extensão mais ampla, se estaria permitindo a delegação de todas as funções a um só deles com ofensa direta e bastante à impossibilidade de extinção da separação de Poderes. Há, por isso, indelegabilidade.

O fato da omissão normativa não significa inexistir obstáculo à delegação de funções. A conclusão negativa nasce da interpretação sistêmica. Entre o argumento a *contrario sensu* - se se omitiu é porque não se quis proibir -, desacreditado modernamente, e o que o sistema constitucional dita expressamente e rejeita implicitamente, prepondera, sem a menor dúvida, esta última regra. O texto constitucional não é um artigo ou uma omissão; é um ordenamento. Examina-se-o como um conjunto, e não parte a parte, por regras isoladas. Assim, a omissão pode ser, como efetivamente é na hipótese, a desnecessidade de mandamento, porque ele já se extrai do conjunto de normas.

Na doutrina, a respeito da delegação de poderes, há a posição de José Afonso da Silva (1968, p. 98) no sentido de que normatividades expressas "são desnecessárias, até porque a Constituição, agora como antes, estabelece incompatibilidades relativamente ao exercício de funções dos poderes (art. 54), e porque os limites e exceções ao princípio decorrem de normas que comporta pesquisar no texto constitucional". Celso Ribeiro Bastos (*op cit.*, 1º v., p. 438) complementa: "Nada obstante a omissão no novo Texto sobre esta matéria, continuamos entendendo que, salvo previsão expressa, continuam vedadas as delegações de um poder para outro".

3.5. Duplo investimento

Seria possível, relativamente à mesma pessoa, o duplo investimento em funções de Poderes diferentes? Ditava o artigo 79 da Constituição de 1891 que "o cidadão investido em funções de qualquer dos três poderes federais não poderá exercer as de outro". O mesmo dispunha o § 2º do artigo 3º da Constituição de 1934. A simples leitura das duas normatividades constitucionais conduz a qualificação do impedimento como *absoluto*. Nenhuma lei infraconstitucional poderia dispor afirmativamente, mesmo como exceção, em matéria de duplo investimento. E mais: concluía-se inexistir, nos próprios textos constitucionais, qualquer excepcionalidade a respeito.

Diferentemente, admitindo exceções, dizia o § 1º do artigo 36 da Carta de 1946: "O cidadão investido em função de um deles (Poderes) não poderá exercer a de outro, *salvo as exceções previstas nesta Constituição*". O mesmo dizia o artigo 6º, parágrafo único, da Constituição de 1967, normatividade repetida na Emenda Constitucional nº 1/69. Aqui, o impedimento era *relativo*. As exceções, porém, tinham campo próprio para serem expressas. O próprio texto constitucional é que poderia excepcionar. Em outras palavras, à norma subconstitucional tal era inadmitido.

A Constituição de 1988 não possui norma específica quanto à possibilidade, ou não, de pessoa investida nas funções de um Poder exercer funções em outro. Como norma genérica, há omissão. Toda problemática está em tirar as devidas conclusões do Texto Maior ser omisso. Em tese, pode-se concluir pelo impedimento absoluto, pelo impedimento relativo sujeito a exceções ou permissão ampla de duplo investimento. O fato da omissão não conduz à conclusão nenhuma, porque pode significar desnecessidade de norma por nascer a regra fundamental do sistema extraído do ordenamento jurídico constitucional. É o que se verá em seguimento.

No que se refere aos magistrados, há regra específica a respeito. No artigo 95, parágrafo único, inciso I, da Lei Maior, afirma-se ser vedado aos juízes "exercer, ainda que em disponibilidade, outro cargo ou função, salvo uma de magistério". Ressalvada a expressa exceção - uma de professor -, impensável o magistrado, em atividade ou disponibilidade, exercer qualquer outra atribuição que não seja a de prestação jurisdicional. Assim, as funções legislativas e executivas lhe são vedadas. Suas funções se resumem em atividades jurisdicionais e uma de professor.

O ser colocado em disponibilidade é resultante de punição disciplinar, fundando-se "em decisão por voto de dois terços do respectivo tribunal, assegurada ampla defesa" (art. 93, VIII, da CF) e sempre por interesse público. Não há que confundir disponibilidade com aposentadoria, mesmo a imposta por interesse público. O magistrado aposentado pode, se eleito, exercer funções legislativa e executiva. O obstáculo se circunscreve ao magistrado em atividade ou disponibilidade. Cumpre, portanto, esclarecer, com mais propriedade, o que seria estar em disponibilidade.

Para o servidor público em geral, disponibilidade é resultante de extinção de cargo público ou de declaração de sua desnecessidade. Não havendo mais o cargo ou tendo sido ele declarado desnecessário, o seu ocupante é posto em disponibilidade remunerada, cessando o exercício da atividade (Diogo de Figueiredo Moreira Neto, 1992, p. 205). Para o magistrado, a disponibilidade não tem nada a ver com a extinção do cargo, visto que este se mantém. O juiz, por punição disciplinar, é afastado do exercício da prestação jurisdicional.

O Presidente da República tem sua competência privativa elencada no artigo 84 da CF. Pessoa física pertencente a outro Poder estaria autorizada a exercer funções executivas? O parágrafo único do mesmo artigo responde, por interpretação, negativamente. Nele se vê que, nas atribuições típicas do Executivo, há funções indelegáveis, só o Presidente podendo exercê-las, e as únicas delegáveis o serão aos Ministros de Estado, ao Procurador-Geral da República e ao Advogado-Geral da União. Assim, sem qualquer sombra de dúvida, o rol de funções típicas do Executivo não poderá ser exercido por membro de outro Poder. A conclusão é intocável.

As exceções constitucionais - "dispor sobre a organização e o funcionamento da administração federal, na forma da lei" (inc. VI), "conceder indulto e comutar penas, com audiência, se necessário, dos órgãos instituídos em lei" (inc. XII) e "prover...os cargos públicos federais, na forma da lei" (inciso XXV) - são, expressamente, delegáveis. Contudo, não saem da esfera de competência do Poder Executivo. A delegação, quando houver, tem um único direcionamento. Sai da competência do Presidente e passa a preencher a competência de outras autoridades integradas no Poder Executivo.

Em se tratando, entretanto, de membros do Poder Legislativo federal - deputados e senadores -, há possibilidade de exercerem sem perda do mandato, ocupada a vaga pelo suplente, o cargo "de Ministro de Estado,

Governador de Território, Secretário de Estado, do Distrito Federal, do Território, de Prefeitura de Capital ou chefe de missão diplomática temporária" (art. 56, I, da CF). Esta possibilidade, configurada pela compatibilidade de duplo investimento, não se relaciona exclusivamente aos membros do Poder Legislativo federal; também aos deputados estaduais (art. 27, § 1º, da CF), deputados distritais e à Câmara Legislativa (art. 32, § 3º, da CF) e vereadores (art. 29, VII, da CF).

Resumidamente, três são as regras até agora examinadas: a) a impossibilidade de o magistrado, afora a exceção já referida, exercer quaisquer funções executivas e legislativas; b) a impossibilidade de serem funções executivas delegadas a outros Poderes; a suscetibilidade existe, como exceção, dentro do próprio Poder; c) a possibilidade, por exceção constitucional expressa, de o membro do Poder Legislativo exercer função executiva, o que importa, nos demais casos, haver impossibilidade de duplo investimento.

Há outra questão, porém. Podem os membros do Poder Legislativo ou do Executivo se investir na qualidade de magistrados? Diante da regra do artigo 5º, XXXVII, da CF, não haverá juízo ou tribunal de exceção. A figura do juiz natural garante que só exercerá a prestação jurisdicional o juiz admitido e empossado nos termos previstos constitucionalmente. Contudo, se investido no cargo de juiz, estará impedido, mesmo que em disponibilidade, de exercer outro cargo ou função, exceto uma de magistério (art. 95, parágrafo único, I, da CF).

Uma questão final se desenha. Um Governador ou um Prefeito podem ser, simultaneamente, Presidente da República ou Governador de Estado? Ou o Governador de Estado ou o Prefeito podem ser duplamente investidos, ocupando as funções de Ministro de Estado ou de Secretário estadual? No estudo que fez a respeito, Celso Ribeiro Bastos (*op. cit.*, 1º v., pp. 438/442) respondeu negativamente, embora a omissão do texto constitucional. Todo apoio à conclusão se prendeu ao princípio federativo.

Com efeito. A Federação brasileira é composta de entes federativos categorizados como União, Estados-membros, Distrito Federal e Municípios. Há uma coordenação entre todos estes entes, a grande maioria garantida pela autonomia constitucional e a União pela soberania, que tem mais conotação internacional. No momento em que o Poder Executivo de um Estado-membro, ou um Prefeito municipal, etc. estivesse exercendo a autonomia em outro ente da Federação, perderia todo o sentido o sistema federativo porque haveria interpenetração de autonomias sob a mesma pessoa, o que equivaleria impurificar a Federação.

4. *Artigo 3º*

Constituem objetivos fundamentais da República Federativa do Brasil:
I - construir uma sociedade livre, justa e solidária;
II - garantir o desenvolvimento nacional;
III - erradicar a pobreza e a marginalizaçào e reduzir as desigualdades sociais e regionais;
IV - promover o bem de todos, sem preconceitos de origem, raça, sexo, cor, idade e quaisquer outras formas de discriminação.

4.1. Objetivos fundamentais e categorização da norma

O artigo 1º da CF trata dos *fundamentos* da República Federativa do Brasil, enquanto o artigo 3º ora em anotação refere-se a seus *objetivos fundamentais*. Diferenciam-se fundamentos e objetivos. Fundamento, lexicamente, tem o significado de alicerce, apoio ou base de alguma coisa. Compõe um conjunto de princípios que servem de embasamento da República para que ela se caracterize como um Estado Democrático. O Brasil, República federativa, se assenta em fundamentos arrolados no artigo 1º da Carta de 1988 e já anotados no item 4 pertinente ao exame do artigo inicial do Texto Constitucional vigente.

Ao se falar em *objetivos*, se está pensando em meta a alcançar, em pretensão buscada pela política governamental, ou em desejo de realização concreta. O que liga o simples pensamento, que se encontra interiorizado, com o que se concretizará, realizando-se no mundo dos fatos, é o entendimento que se tem de objetivo. É o que se pretende que ocorra como resultado das medidas tomadas. Assim, objetivo é o que se pretende ver seja refletido e tornado realidade como conseqüência das ações governamentais.

Os objetivos elencados se qualificam de fundamentais. O qualitificativo *fundamental* tem compreensão específica. Não significa base, embasamento ou alicerce, porque se incompatibilizaria com o entendimento de objetivo. No texto da norma constitucional, *fundamental* significa importante; mais do que isto, essencial. A interpretação que se faz do artigo é de que os objetivos indicados são prioridades a serem imprimidas nas ações de governo. Priorizar-se é essencializar metas a alcançar. Entre tantos e outros objetivos possíveis, os arrolados na norma constitucional obedecem a um critério de preferência nas ações e planejamentos governamentais.

Enfatiza-se o entendimento que se dá à palavra *fundamental*. Ela é colocada na redação da norma como sinônima de indispensável, necessária, primordial, vital ou principal. O Estado não existe pelo fato de existir. Tem um desiderato que é perseguir, genericamente, tudo que sirva ao progresso do homem. Os objetivos atuam como instrumentos para realização da finalidade do Estado, com o crescimento nacional. O constituinte, ao redigir o artigo 3º da CF, optou por alguns objetivos, não para afastar outros, mas para, diante da importância dos arrolados, conceder-lhes essencialidade.

O artigo ora em comento não se dirige diretamente aos residentes do País. Atua, ou pode atuar, reflexamente, via indireta, porque se direciona às autoridades governamentais do País. Os Poderes Legislativo e Executivo é que são destinatários da previsão de objetivos essenciais, aquele fazendo as leis necessárias, e o outro as executando. Este é um dado relevante que se extrai do artigo em anotação, dado este fundamental à categorização da norma constitucional. E, a partir de sua visão categórica, tiram-se os efeitos e conseqüências refletidos pela norma ora enfocada.

Maria Helena Diniz (1992, p. 104) diz que "normas constitucionais programáticas são as em que o constituinte não regula diretamente os interesses ou direitos nelas consagrados, limitando-se a traçar princípios a serem cumpridos pelos poderes públicos...". A adequação entre o dado relevante extraído do artigo 3º em anotação e o conceito dado pela jurista de São Paulo, serve, com exatidão, à categorização da norma constitucional ora anotada. A regra programática não é eficazmente plena. Contém, todavia, certa valia e eficácia, diante da categorização que se lhe impõe.

O artigo 3º é uma norma constitucional programática por se adequar à sua compreensão. Confira-se o magistério de Pontes de Miranda (1967, t. I, pp. 126/127): "regras jurídicas programáticas são aquelas em que o legislador, constituinte ou não, em vez de editar regra jurídica de aplicação concreta, apenas traça linhas diretoras, pelas quais se hão de orientar os poderes públicos. A legislação, execução e a própria justiça ficam sujeitas a esses ditames, que são como programas dados à função legislativa". Induvidoso, portanto, ser o artigo 3º em anotação regra constitucional programática.

As normas programáticas não deixam de ter eficácia jurídica imediata. Servem, de início, de dado paramétrico na interpretação das demais normas jurídicas. Qualquer interpretação de outra norma que se incompatibilize com o extraído da regra programática, é interpretação que não consoa com a Constituição e, por isso, há o vício da inconstitucionalidade. Maria Helena Diniz (*op. cit.*, p. 104) diz que as normas programáticas "servem de diretrizes teleológicas para a interpretação e aplicação jurídica (subsunção, integração e correção)". A norma do artigo 3º em anotação serve, por isso, na área da interpretação, de parâmetro. Isto é fundamental compreender.

Ademais, no ordenamento jurídico brasileiro segue-se o princípio de que as leis infraconstitucionais devem estar conformes, formal e materialmente, com o texto constitucional, com ele não podendo se atritar. A inconstitucionalidade das leis advém desta desconformidade, que provoca desarmonia normativa com as regras constitucionais, que são hierarquicamente superiores. Chama a atenção J. J. Gomes Canotilho (1982, p. 125) que "como constituição compreende-se a lei fundamental de um Estado que contém a regulamentação jurídica mais importante sobre a ordem social e estadual..."

Com apoio no princípio da hierarquia das leis e no da supremacia das regras constitucionais sobre as subconstitucionais, o conflito normativo entre as duas se soluciona com a inconstitucionalidade da norma infraconstitucional. Prepondera a norma que se localiza no ápice do arcabouço legislativo, perdendo a eficácia a norma inferior. A lição de Paulo Bonavides (1996, p. 267) é objetiva: "A conseqüência desta hierarquia é o reconhecimento da 'superlegalidade constitucional', que faz da Constituição a lei das leis, a *lex legum*, ou seja, a mais alta expressão jurídica da soberania".

As normas constitucionais programáticas são utilizáveis como parâmetros para aferir a constitucionalidade ou inconstitucionalidade das leis infraconstitucionais. A doutrina tem se orientado neste sentido. Luiz Roberto Barroso (1994, p. 113) ressalta que as normas programáticas revogam os atos normativos anteriores que com ela se incompatibilizem e levam à inconstitucionalidade os atos normativos posteriormente editados, havendo conflito. Do mesmo sentir, Celso Ribeiro Bastos (*op. cit.*, 1º v., p. 344). Assim, toda e qualquer lei subconstitucional, anterior ou posterior à Carta de 1988, que entre em rota de colisão com os objetivos fundamentais, não tem eficácia normativa.

4.2. Sociedade livre, justa e solidária

O Estado é a composição dos elementos físico, político e humano. De um lado, uma base territorial - solo, subsolo e espaço aéreo - sob o qual se instala o Estado independente. De outro lado, o elemento político que configura o governo soberano, tornando o Estado independente e com coexistência entre os demais Estados, na área internacional. Por fim, somando-se ao elemento físico e político, o elemento humano, que é a população. Pode-se afirmar, sem, sombra de dúvida, que o fim do Estado, sua finalidade mais premente, é propiciar uma vida digna ao povo.

A população, como elemento humano, compõe a sociedade a que se dirigem as finalidades do Estado. Não direcionadas ao indivíduo como indivíduo, vistos isoladamente, mas ao conjunto de todos que cria, em relação a determinado Estado, a sua sociedade. É o grupo humano visto sociologicamente. Referentemente a este agrupamento, qualifica-o o Preâmbulo, como "uma sociedade fraterna, pluralista e sem preconceitos". O inciso I do artigo ora anotado fala em se construir, no sentido de aperfeiçoá-la, uma sociedade qualificada como livre, justa e solidária. A pretensão deste item é examinar tais qualificativos.

Sociedade livre é, no texto em anotação, regra programática. Todavia, o constituinte não ficou somente na pretensão. No texto da Carta Política de 1988, notadamente em vários incisos do artigo 5º, arrolou liberdades como direitos e garantias individuais. Não se estará concluindo fora da realidade se dizer que a Constituição de 1988 é a Constituição das liberdades. José Afonso da Silva (1990, p. 208) elenca as liberdades em cinco grandes grupos, enquanto Manoel Gonçalves Ferreira Filho (1995, pp. 254/255) fala em oito grupos.

A *liberdade da pessoa física*, ou *individual*, é a de locomoção, a de ir e vir, de transitar ou de estacionar, ficando onde está, não havendo justa causa para o impedimento (art. 5º, LXVIII). Também se insere nesta liberdade de locomoção a de ingressar, transitar ou sair com seus bens, em tempo de paz, do território nacional (art. 5º, XV). Esta última nuance da liberdade da pessoa física estará sujeita, em tempo de guerra, ao que dispuser a lei ordinária. De qualquer forma, contrapõe-se à ilegalidade ou ao abuso de poder obstaculizantes, o instituto de *habeas corpus*.

Há a denominada *liberdade de pensamento*, que se apresenta sob diversas modalidades: de opinião, de religião, de informação, artística e de comunicação de conhecimento, conforme elenco apresentado por José Afonso da Silva (*op. cit.*, p. 208). Todas elas são encontradas nos artigos 5º, IV, VI, VII, VIII e IX, e 220 da CF. A liberdade de pensamento, vista genericamente, nada mais é que a conseqüência natural de ser a sociedade brasileira pluralista, livre o homem de optar, ou escolher, a idéia que pareça mais própria à sua existência.

Não obstante fora do artigo 5º da Carta de 1988, há outra liberdade de pensamento referente à liberdade de cátedra, seja na condição de ensinar seja na de aprender e pesquisar. O artigo 206 da CF diz que "o ensino será ministrado" com base em alguns princípios, entre os quais o referido no inciso II: "liberdade de aprender, ensinar, pesquisar e divulgar o pensamento, a arte e o saber", desde que haja a "garantia de padrão de qualidade" (inc. VII). Apóiam a liberdade de cátedra não só o fato de ser a sociedade brasileira pluralista, mas a tentativa de se impedir que aconteça no magistério a perseguição desenvolvida pela Revolução de 1964 contra pensadores e professores de escolas particulares e públicas.

A *liberdade de manifestação conjunta* engloba a de reunião e de associação e estão inscritas nos incisos XVI a XX do artigo 5º. Reúnem-se, associam-se e criam-se associações independentemente de qualquer autorização do Poder Público, desde que satisfeitos os pressupostos ditados constitucionalmente. A liberdade não é só quanto à expressão coletiva; é o ser livre para, não querendo, não se reunir, nem se associar e nem criar associações. Neste sentido, a liberdade é ampla: para fazer ou para deixar de fazer, sem exteriorizar motivos.

A *liberdade profissional* tem assento no artigo 5º, XII, da CF: "é livre o exercício de qualquer trabalho, ofício ou profissão, atendidas as qualificações profissionais que a lei estabelecer". Nem sempre foi assim. A existência de corporações de ofício, hoje abolidas, e da escravidão impedia a liberdade profissional. Entendemos, outrossim, que se incluem na liberdade profissional, a denominada liberdade sindical (art. 8º- "É livre a associação profissional ou sindical", sendo que "ninguém será obrigado a filiar-se ou a manter-se filiado a sindicato") e a liberdade ao direito de greve (art. 9º - "É assegurado o direito de greve, competindo aos trabalhadores decidir sobre a oportunidade de exercê-lo e sobre os interesses que devam por meio dele defender").

Numa visão mais ampla, as liberdades se apresentam em outros setores. Assim, na área da atividade econômica, há o direito ao livre comércio, à livre iniciativa condicionada a outros valores (art. 170 da CF), à livre concorrência, etc. Tais aspectos não deixam de se integrar no conteúdo do que se tem por sociedade livre. A liberdade de ação extraída do inciso II do artigo 5º - "ninguém será obrigado a fazer ou deixar de fazer alguma coisa senão em virtude de lei"- também é reflexo de ser a sociedade livre.

As liberdades públicas, ou direitos de liberdade, são considerados direitos fundamentais de primeira geração (Paulo Bonavides, *op. cit.*, p. 517), os primeiros que, já no Século XIX, ingressaram nos textos constitucionais e, hoje, estão pacificados na grande maioria das Cartas Políticas. Os direitos considerados de segunda geração, que são os socioeconômicos, passaram a existir neste Século XX e nasceram do princípio da igualdade, primeiramente na Constituição de Weimar de 1919 e na Constituição mexicana de 1917. Esta matéria será campo de estudo nas anotações aos artigos 170 a 192 da Carta de 1988.

Os direitos fundamentais de terceira geração se assentam na fraternidade e começaram a aparecer no final do atual Século. Todas as gerações nasceram do lema da Revolução Francesa que, como execução, atuou paulatinamente e de forma sucessiva: *liberté, igualité e fraternité*. Diz-se que a fraternidade se divide em cinco direitos: desenvolvimento, que será objeto do próximo item, direito à paz, ao meio ambiente, à propriedade sobre o patrimônio comum da humanidade e à comunicação. No Preâmbulo de nossa Constituição, fala-se em "sociedade fraterna". No inciso I do artigo ora anotado, programa-se *sociedade solidária*.

J. Cretella Júnior (1990, v. I, pp. 161/162) dá a entender que a solidariedade é utópica, visto que dispositivos legais ou constitucionais não têm a força de tornar a sociedade solidária. Considerando que solidariedade é um sentimento, acompanhado de ações, entre pessoas humanas, numa relação interpessoal, parece, à primeira vista, difícil à política governamental imprimi-la. Temos, porém, opinião contrária, embora reconheçamos a dificuldade de propiciar e executar esta solidariedade. Medidas governamentais podem, por incentivo ou até por coação, levar à solidariedade entre todos, fazendo deste valor moderno uma norma cultural de razoável aplicação.

Há pretensão, por fim, de se alcançar uma *sociedade justa*. Não está esclarecida a intenção do constituinte em qualificá-la de justa. Em princípio, é objetivo de qualquer sociedade se configurar como justa, porque a injustiça beira à ilegalidade. O que o constituinte pretendeu com esta expressão? Justo é tudo aquilo que se localizar na área do bom e do eqüânime. Em outras palavras, justo é *dar a cada um o que é seu*. Contudo, a compreensão de justiça, no caso a caso, tem muito de subjetivo, não tendo dado paramétrico adequável. Além do mais, no conflito entre as partes, o Poder Judiciário deve dar a solução de conformidade com a lei prévia. Aqui, há outro dado preocupante. A não ser por presunção, a todo sentir equivocada, a lei que vai incidir é justa. Mas o será, efetivamente? Como se observa, o problema de sociedade justa não é de fácil compreensão.

O direito abstrato de ação - "a lei não excluirá da apreciação do Poder Judiciário lesão ou ameaça a direito", art. 5º, XXXVI, da CF - serve de instrumento para se buscar, em tese, a solução justa. Mas é certo que se alcançará? Quando se sabe, pela experiência da prestação jurisdicional, que *cada caso é um caso*, a pretendida adoção de *súmulas vinculantes* garantirá que a sociedade é justa? Quando, por lei de arbitragem, se exclui do Poder Judiciário o julgamento de certos conflitos, entregando-o a simples pessoas civilmente capazes, sem o mínimo conhecimento de justiça, estará se garantindo que a sociedade é justa? Quando se permite, diante da inflação controlada de um dígito, que instituições financeiras cobrem juros altos, usurários, estamos garantindo uma sociedade justa? Todas estas indagações servem de apoio para se concluir, com alguma tristeza, que se afirmar uma sociedade justa tem muito de utopia.

4.3. Desenvolvimento nacional

Desenvolvimento nacional não deve ser visto como um objetivo isolado, sem efeitos e conseqüências. É um conduto que serve como causa para determinado fim. O

Estado existe para tutelar o homem, dando-lhe condições de vida digna e de razoável bem-estar. De que serviriam ótimas estradas e situação econômica globalizada invejável, se houvesse falta de leitos em hospitais para atendimento de pobres, e a mortalidade infantil fosse assustadora? Desenvolvimento mede-se pelo bem-estar de todos do povo. Isto parece perfeitamente claro como idéia e como visão social do problema. Neste sentido é que o termo *desenvolvimento* está usado na Constituição.

A leitura atenta de outros artigos da Carta de 1988 deixa transparecer este conteúdo finalístico. No artigo 21, IX, é dito competir à União "elaborar e executar planos nacionais e regionais...de desenvolvimento econômico e *social*"(o grifo é nosso). O desenvolvimento social, vinculado ao econômico, está bem explicitado no artigo inaugural da Ordem Econômica, o 170, onde se diz que a dita Ordem "tem por fim assegurar a todos existência digna, conforme os ditames da justiça social". Mais adiante, o artigo 182, ao falar da política de desenvolvimento urbano, indica, como sua primordial finalidade, "ordenar o pleno desenvolvimento das funções sociais da cidade e *garantir o bem-estar de seus habitantes*" (os grifos são nossos).

Estes dados finalísticos - bem-estar do povo e vida digna -, necessariamente, informam e vivenciam o desenvolvimento nacional referido no inciso II do artigo 3º em comento. O fim efetivamente buscado é o de favorecimento do homem, servindo o desenvolvimento simplesmente como causa, cujo resultado será o esperado. J. Cretela Jr. (*op. cit.*, v. I, p. 162) afirma: "o desenvolvimento, entretanto, não é um fim em si, mas mero instrumento para que se atinja o *bem-estar*, num país como o Brasil, em que grande parte da população vive na mais extrema miséria".

O Brasil é um país em que a filosofia *economês* é preponderante no setor público. Pensa-se, quase que exclusivamente, no desenvolvimento econômico. O que interessa, nos gráficos do desenvolvimento, é o crescimento do PNB - Produto Nacional Bruto -, ou seja, tudo o que o país produz, anualmente, em bens e serviços, e a resultante na renda *per capita*, após a divisão do PNB pelo número de habitantes. Tais dados são importantes e até científicos. O que preocupa é que são considerados prioritários, com o abandono de outras indagações.

Ninguém vive, dignamente ou não, com renda *per capita*, porque se trata de um valor fictício e cujo poder de troca, ou poder aquisitivo, é nenhum. Certamente a renda *per capita* está bem acima do valor do salário mínimo, que grande percentual do povo brasileiro percebe. E, ao contrário, o restante do povo, que viaja para o Exterior com a família em férias e dá pomposas festas, recebe bem acima. Em termos de desenvolvimento, deveria constar de seus gráficos um elemento, a nosso sentir de muita importância e preferencialidade, que seria o da distribuição eqüitativa da renda. Ninguém se alimenta de renda *per capita*.

A situação do desenvolvimento nacional vista, comparativamente ao passado, teve melhoras, mas, em termos absolutos, há muito a desejar. Joelmir Beting (*A Crise sumiu*, artigo publicado em O Estado de São Paulo de 22.12.96, Caderno de Economia, B-2) argumentou: "Sim, ainda temos futuro. Com a recuperação da autoestima nacional, vislumbra-se uma luz no fim do túnel. Sim, ainda temos túnel". Não se pode falar em desenvolvimento enquanto se estiver, literal ou simbolicamente, séria ou ironicamente, num túnel. Futuro se tem, mas quando?

O desenvolvimento nacional de que trata o artigo ora anotado não deve ser exclusivamente o econômico, tão ao gosto dos economistas do país e sem respingo de humanidade. Deve ser também o cultural, o individual, o comercial e o industrial. Uma das etapas do desenvolvimento pode significar "a passagem de uma sociedade agrária para uma sociedade industrial" (Pinto Ferreira, 1989, 1º v., p. 44), desde que represente diminuição do índice de analfabetos, redução do índice de mortalidade infantil, a segurança de rede hospitalar suficiente, etc., que classificaria um país subdesenvolvido como ingressando na etapa do desenvolvimento.

Todavia, toda pretensão ao desenvolvimento nacional que componha tese que só beneficie alguns, notadamente os detentores do poder econômico, é infrutífera. Neste caso se encontra o neoliberalismo. Consoa com nossa idéia a exposta por Paulo Bonavides (*op. cit.*, p. 524): "O Brasil está sendo impelido para a utopia deste fim de Século: a globalização do neoliberalismo, extraída da globalização econômica. O neoliberalismo cria, porém, mais problemas do que os que intenta resolver. Sua filosofia do poder é negativa e se move, de certa maneira, rumo à dissolução do Estado nacional, afrouxando e debilitando os laços de soberania e, ao mesmo passo, doutrinando uma falsa despolitização da sociedade".

Em resumo, portanto, o desenvolvimento nacional tem sua abrangência bem maior que a simplesmente econômica. De outro lado, só tem justificativa se e enquanto os efeitos do desenvolvimento perpetrado se direcionarem ao bem-estar geral e, assim, propiciando uma vida mais digna a todos da sociedade. Ninguém vive melhor considerando-se gráficos, índices do PNB, de rendas *per capita*, etc. A existência humana exige dados efetivos.

4.4. Pobreza, marginalização e desigualdades sociais e regionais

A pobreza comporta degraus. Não é só miséria e indigência. É um estado de necessidade quanto à satisfação de um mínimo de serviços e bens para se ter uma vida digna. Pobre não é só quem não tem o que comer ou vestir, um teto para morar ou um momento de lazer. Vista genericamente, a pobreza nasce da carência no poder satisfazer as necessidades mais prioritárias do homem. Sua constatação é simples. Juntem-se todas as necessidades que, modernamente, um homem deve ter - uma habitação higiênica, uma alimentação suficiente, condições sanitárias favoráveis, vestuário razoável, a possibilidade de transporte, lazer, etc.- e, quando alguma delas faltar a alguém, estamos diante do que se chama de pobreza.

A pobreza - que sinaliza e categoriza um Estado como subdesenvolvido - advém dos mais diversos e variados fatores. A começar pelo subemprego, pelo trabalho mal remunerado, por uma política social mal orientada, pelo desemprego, etc. A compreensão equivocada dos problemas de um país, a falta de vontade política para resolver os prioritários, tudo se soma para aumentar o espectro da pobreza que, além de ser nacional, é universal. Localizando-se-a no território do Estado, tem, no mínimo, uma resultante conclusiva: a parte pobre da população não tem o bem-estar social que deveria ter.

Há, identicamente, a população marginalizada, que nada tem a ver com a pobreza. Não se pode negar que, não raras vezes, pobreza e marginalização andam juntas, lado a lado. A sociedade brasileira adota certos regramentos e valores de conduta, para caracterizá-la como sadia. Aqueles que optam por regras de comportamento e padrões de agir diferentes dos comuns, afastam-se da sociedade, marginalizados que ficam. Compõem outro grupo humano necessitado de ajuda, através de campanhas de esclarecimento, de orientação educativa. Uma política governamental que os incentive à mudança e a aceitar uma convivência sociologicamente digna.

O inciso III do artigo ora anotado, em sua primeira parte, fala na erradicação da pobreza e da marginalização. A pretensão é ampla, a partir do entendimento semântico do verbo *erradicar*, que significa arrancar o mal pela raiz, extirpando-o integralmente. Dir-se-á que a pretensão beira a utopia, porque os problemas da pobreza e da marginalização sempre existiram e existirão. Nada de utopia, se a pretensão normatizada pelo constituinte for bem compreendida. O que o texto da Carta de 1988 quis explicitar é que o objetivo não se satisfaz com a simples redução dos problemas e, por isso, a vontade política para enfrentar a pobreza e a marginalização deve ser constante, sem limite de tempo. Deve haver perenidade no objetivo.

Existem, outrossim, na realidade brasileira, desigualdades sociais e regionais. Nas desigualdades sociais, há as econômicas e culturais, cuja erradicação beira a raia da impossibilidade. Exterminá-las pode se localizar na área do sonho, mas não da efetividade. Nas desigualdades regionais, o problema se maximiza face à grandeza territorial do país e o maior poder econômico de certas regiões em relação a outras. Mesmo na formação cultural dos Estados-membros, há diferenças enormes. Difícil querer a igualdade entre as regiões, considerando-se que, no Sul, por exemplo, houve positiva influência italiana e alemã, o que inocorreu em outras regiões. O que se quer ressaltar é que as desigualdades existem e se formaram, historicamente.

A República trouxe consigo o princípio isonômico. *Todos são iguais perante a lei* é a regra do artigo 5º da CF. O grave problema que se vê é que o preceito constitucional se depara com as imposições da existência humana, onde a igualdade de todos está na área da utopia. Com certa dose de razão, J. Cretella Jr. (*op. cit.*, v. I, p. 163) diz que "se, por um lado, todos são iguais perante a lei, por outro lado, as pessoas nascidas 'iguais', se desigualam, no decorrer de seu desenvolvimento". Diante de tais desigualdades, a República brasileira dita seu objetivo.

Extirpar as desigualdades, quer as sociais quer as regionais, é tarefa que se demonstra utópica e, por isso, fora da realidade. O constituinte sentiu a impossibilidade de equalização entre todos, sob todos os aspectos. Daí ter afirmado o princípio da igualdade *relativamente à lei*. O imposto pela realidade social pode ser minimizado, mas jamais extirpado. A norma constitucional foi, por isso, até onde poderia ir. *Redução* das desigualdades. Através de programas governamentais educativos, de incentivos, etc. deve o Estado buscar diminuir as desigualdades. O fato de minimizar já é uma grande proposta. Exemplos destas medidas são as indicadas no artigo 192, inc. VII e parágrafo 2º, da CF.

4.5. Promoção do bem de todos

A idéia central do inciso IV do artigo ora anotado é que se trata de objetivo fundamental de nossa República promover o bem de todos, através de medidas governamentais pertinentes e que a autoridade entenda mais convenientes em determinada situação. Neste sentido, a escolha da instrumentalização mais apropriada está na discricionariedade e talante do detentor do Poder. O importante é que as medidas tomadas tenham aptidão para dar impulso ou pôr em execução o desiderato pretendido, que é o bem-estar de todos do povo. Mas não é esta, porém, a idéia única do inciso em exame.

Na promoção realizada, não se deve buscar o bem de um, de uns ou de alguns. A norma constitucional explicita os destinatários do bem-estar: *todos*. Esta idéia se harmoniza, inicialmente, com o princípio da impessoalidade que deve existir na administração pública, a impedir tratamento desigualitário (art. 37 da CF). Além do mais o bem-estar alcançando a todos é reflexo do princípio de isonomia, princípio este que passou a acompanhar a realidade estatal brasileira desde o advento da república. O se pessoalizar o bem-estar, só se estendendo a alguns, ofende a garantia constitucional de que todos são iguais perante a lei. À idéia inicial contida no inciso em comento se soma, outrossim, outra. As medidas promocionais tomadas não podem ser discriminatórias.

O afastamento de qualquer preconceito é idéia filosófica de nosso texto constitucional. Já no Preâmbulo se fala em "sociedade fraterna, pluralista e sem preconceitos". No artigo 5º da Carta atual, regra-se que "todos são iguais perante a lei, sem distinção de qualquer natureza". No inciso XLI, normatiza-se que "a lei punirá qualquer discriminação atentatória dos direitos e liberdades fundamentais". Lê-se no inciso XLII que "a prática do racismo constitui crime inafiançável e imprescritível, sujeita à pena de reclusão, nos termos da lei". O inciso IV do artigo 3º ora anotado é uma repetição de propósitos. Nenhuma ação discriminatória, mesmo originada do governo e sustentada em explicações, pode ser utilizada.

A norma elenca os pontos alcançados e proibidos, por significarem preconceitos, ações discriminatórias. No preconceito de *origem*, englobam-se os indígenas, de descendência pré-colombiana, e os demais, de descendência portuguesa, africana, etc.; os brasileiros e os aqui residentes mesmo que estrangeiros, naturalizados ou não. No da *raça*, os que têm características idênticas diferenciadas dos demais - raça branca, preta, amarela, semítica, asiática, ariana, etc. Todos devem ser tratados igualitariamente. No do *sexo*, a igualdade não deve se circunscrever ao homem e à mulher. Um dos grupos mais discriminados no Brasil é o dos homossexuais, o que é inadmitido constitucionalmente. O de *cor*, outro preconceito existente no Brasil, não abertamente, deve ser extinto para se alcançar o bem-estar de todos. No de *idade*, também há preconceito forte na área da admissão em emprego. O velho perde sua valia, no pensamento de muitos. A aposentadoria compulsória aos setenta anos, com base constitucional, é uma forma de discriminação.

O rol do inciso em anotação tem caráter exemplificativo, e não taxativo. Pode haver outras formas de discriminação afora as indicadas. A própria norma constitucional exige esta compreensão ao dispor: "e quaisquer outras formas de discriminação". Qualquer preconceito, deste modo, esteja ou não citado no mandamento constitucional, está obstaculizado. É repetitivo, mas necessário se dizer. A promoção do bem-estar deve ser direcionada a *todos*, sem qualquer exceção.

5. *Artigo 4º*

A República Federativa do Brasil rege-se nas suas relações internacionais pelos seguintes princípios:
I - independência nacional;
II - prevalência dos direitos humanos;
III - autodeterminação dos povos;
IV - não-intervenção;
V - igualdade entre os Estados;
VI - defesa da paz;
VII - solução pacífica dos conflitos;
VIII - repúdio ao terrorismo e ao racismo;
IX - cooperação entre os povos para o progresso da humanidade;
X - concessão de asilo político.
Parágrafo único. A República Federativa do Brasil buscará a integração econômica, política, social e cultural dos povos da América Latina, visando à formação de uma comunidade latino-americana de nações.

5.1. Relações internacionais

O Brasil tem, na ordem interna, seu ordenamento jurídico específico, disciplinando condutas e comportamentos, estruturando o Estado com sua soberania interna. Esta é uma observação que se faz do país no campo do direito interno. Convive, entretanto, no plano do direito internacional, no concerto dos demais Estados soberanos. Porém, quanto à normatização, formam-se dois campos independentes: o do direito interno e o do direito externo, sendo que este com suas normas não invade o campo do direito interno pelo impedimento da soberania estatal. Mas há, todavia, o que vem a doutrina denominando, faz algum tempo, de *internacionalização do Direito Constitucional.*

Afonso Arinos de Melo Franco (1958, v. I, p. 201), referindo-se a esta tendência de se internacionalizar o Direito Constitucional, define-a como sendo a "inclusão, em todas as Constituições modernas, de verdadeiros preceitos de Direito Internacional". Do mesmo sentir, Paulo Bonavides (1996, p. 32), que amplia a sua compreensão: "...afirma-se na recepção de preceitos de Direito Internacional por algumas Constituições modernas que incorporam e chegam até a integrar o Direito Externo na órbita interna". Como se vê, a tendência representa a constitucionalização de preceitos substancialmente internacionais.

Não se trata, a toda evidência, de invasão de direito externo no interno. A invasão pressupõe ofensa à soberania do Estado. Na hipótese, é o próprio Estado que, soberanamente, constitucionaliza internamente o que, em princípio e ontologicamente, seria internacional. A soberania interna tem esta força de constitucionalizar qualquer matéria que lhe pareça conveniente. E não só isto. Nas relações internacionais entre Estados, pode haver manifestações de vontade bilaterais em que se disciplinam identicamente situações fático-jurídicas iguais. Atendido procedimento constitucional previsto, tal normatividade tem como instrumentos os tratados e convenções internacionais.

A Constituição de 1891 inseriu em seu texto uma norma de natureza internacional, inaugurando, no Brasil, a internacionalização do Direito Constitucional, embora timidamente. O Governo brasileiro só poderia declarar guerra a qualquer outra potência "se não tiver lugar ou malograr-se o recurso do arbitramento" (art. 34, II). Esta alusão ao arbitramento não havia nas Constituições de 1824 (art. 102), de 1934 (art. 5º, II) e de 1937 (art. 15, II). Contudo, as Constituições de 1946 (art. 4º), de 1967 (art. 7º) e a resultante da Emenda Constitucional nº 1/69 (art. 7º) reafirmaram o recurso à arbitragem e a outros meios pacíficos de solução do conflito.

A Carta de 1946, bem como a de 1967/69, respectivamente nos artigos 4º e parágrafo único do artigo 7º, vedavam a guerra de conquista, outra norma de cunho internacional. O artigo 4º da Constituição de 1946 tinha a seguinte redação: "O Brasil só recorrerá à guerra, se não couber ou se malograr o recurso ao arbitramento ou aos meios pacíficos de solução de conflito, *regulados por órgão internacional de segurança,* de que participa; e em caso nenhum se empenhará em guerra de conquista, direta ou indiretamente, por si ou em aliança com outro Estado" (os grifos são nossos).

A parte grifada acima retratava uma situação especial. Ao impor meios pacíficos ou de arbitragem para solução do conflito, havia introdução no texto constitucional de norma ontologicamente de direito internacional. O mesmo quando vedava a guerra de conquista. Todavia, quando determinava a obediência do Poder constituído brasileiro ao que fosse regulado por órgão de segurança internacional, havia evidente remissão e integração do Direito Internacional no texto constitucional, o que era diferente das hipóteses de prévio arbitramento para dispor sobre declaração de guerra e de proibição de guerra de conquista. A. A. de Melo Franco (*op. cit.*, v. 1, p. 204) chamava a atenção para o mesmo aspecto, entendendo identicamente que havia "incorporação *automática* dos princípios do Direito Internacional ao Direito interno" (o grifo é nosso).

A Constituição de 1988, no relativo às relações internacionais e à tendência de fazer ingressar no Texto Maior regras que seriam de direito internacional, indicou dez princípios, ou regramentos, a seguir: independência nacional, prevalência dos direitos humanos, autodeterminação dos povos, não-intervenção, igualdade entre os Estados, defesa da paz, solução pacífica dos conflitos, repúdio ao terrorismo e ao racismo, cooperação entre os povos para o progresso da humanidade e concessão de asilo político. Cada um destes princípios será examinado, em seguimento e separadamente, nos próximos itens. O certo é o que vigente texto constitucional não ficou na timidez dos textos anteriores.

5.2. Independência nacional

Firma-se, aqui, uma idéia inicial. Nas relações internacionais, o Estado brasileiro permanece soberano ou, em outros termos, independente. A afirmação se harmoniza com o artigo 1º da CF de que um dos fundamentos da nossa República é a soberania estatal (inc. I). O fato de integrar-se no concerto dos demais Estados, no plano internacional, não significa que o Brasil passa a se submeter às normas internacionais, afastada a sua independência. A normatividade externa só ingressa no ordenamento jurídico nacional cumpridas as exigências do processo legislativo nacional.

J. Cretella Jr. (1990, v. I, p. 171) critica a alusão, como princípio das relações internacionais, à independência nacional. Qualifica-a de primária e anacrônica; de afirmação redundante. Seria repetitiva porque o artigo 1º da CF já afirmara a soberania como fundamento da República. E argumenta que seria alusão desnecessária porque, depois de se independizar como colônia de Portugal, "nunca mais se cogitou de volta ao colonialismo" como "não há exemplo, em nossos dias, de Estado, liberto do colonialismo, que volte depois a essa condição".

Temos opinião divergente porque a referência à independência nacional não foi para garantir o não-retorno ao colonialismo. As razões foram outras, para evitar dúvida acerca da opção brasileira quando se deparasse o conflito entre normas internas e internacionais. A boa compreensão da matéria que, a nosso entender, justifica o inciso I do artigo 4º em anotação, está em definir as opções existentes, explicitando-as em suas características diferenciativas. Toda questão está, no confronto entre as normas jurídicas interna e externa, em saber em qual delas haveria primazia. Na ordem jurídica estatal ou na internacional?

O Brasil é país integrante da ONU - Organização das Nações Unidas - e da OEA - Organização dos Estados Americanos. A questão que se põe é a seguinte. Havendo conflito entre os regramentos da organização internacional e os normas internas, qual a prevalente? A pergunta se impõe face à observação feita por Celso Ribeiro Bastos (1988, 1º v., pp. 268/269): "É o que se dá com a Comunidade Econômica Européia. Fundada inicialmente com vistas a estabelecer uma integração econômica da Europa, apresenta hoje um tal nível de supranacionalidade das suas decisões que muitos já preferem ver aí uma Federação". Embora a soberania dos países que integram a Comunidade Econômica Européia, as decisões desta preponderam sobre as internas.

A pergunta feita relativamente ao Brasil, quanto a suas normas em confronto com as decisões da ONU e da OEA, tem a resposta de que prepondera a normatividade interna. Os países que integram a CEE não deixam de ser soberanos, mas há a prevalência decisória da organização internacional. Perfeitamente possível, nos dias de hoje e com base no pragmatismo do campo internacional, esta situação aparentemente ilógica. O que importa dizer, retornando ao tema proposto, é que a prevalência do direito interno sobre os das organizações internacionais está preservado no Brasil. Não por uma questão de interpretação, como já se viu. No momento em que se elencou, como princípio no campo internacional, a independência nacional, ditou o constituinte a opção. Não se trata, por isso, de norma repetitiva, primária ou anacrônica.

5.3. Prevalência dos Direitos Humanos

Não é fácil a definição de *direitos humanos*. Qualquer tentativa pode significar resultado insatisfatório e não traduzir para o leitor, à exatidão, a especificidade de conteúdo e de abrangência. O importante, por isso, desde o início, é se ressaltar alguns dados e elementos que ingressam na sua compreensão genérica. Certo de que o ser humano, todo ele, homem ou mulher, faz jus a uma vida digna, respeitada por todos, cuja existência deve estar informada pela possibilidade de desenvolver suas qualidades intelectuais, morais e físicas, a dignidade do homem é um elemento a ser considerado. Todas estas faculdades servem como esfera ambiental sociojurídica em que o ser humano realiza sua existência.

Os direitos humanos, que podem ter significação de ação comissiva ou omissiva do Poder Público, são, de um lado, restrições contidas em normas jurídicas, constitucionais ou infraconstitucionais, que servem para que o homem se realize em sua esfera social sem quaisquer obstáculos ou percalços. De outro lado, são determinações ao Poder Público para que proceda de determinada forma, proporcionando desta maneira que o homem alcance uma existência digna. O direito à paz, ao respeito, à segurança, etc. compõem, numa compreensão lata, o que se pode afigurar como direitos humanos. A abrangência, porém, é mais ampla.

Mesmo o procedimento do homem fora de sua esfera jurídica, com ações irregulares e até criminosas, pode gerar direitos humanos ao infrator. É que, diante dos atos infringentes às normas legais, o Poder público pode reagir. Todavia, há um limite para as reações, no que se refere a seu modo e utilização, que devem se adequar aos regramentos constitucionais e infraconstitucionais. A reação exige obediência às formalidades criadas. Assim, nesta área, ingressam na figura de direitos humanos, violando-os, o não-devido processo legal, a tortura, a não-concessão de oportunidade à ampla defesa, a inexistência de contraditório, etc.

Com estas observações, suficiente é o conceito dado por Fernando Barcellos de Almeida (1996, p. 24): "Direitos humanos são as ressalvas e restrições ao poder político ou as imposições a este, expressas em declarações, dispositivos legais e mecanismos privados e públicos, destinados a fazer respeitar e concretizar as condições de vida que possibilitem a todo ser humano manter e desenvolver suas qualidades peculiares de inteligência, dignidade e consciência e permitir a satisfação de suas necessidades materiais e espirituais". Em outras palavras e assim serão tratados mais adiante, configuram direitos e garantias individuais.

Toda norma jurídica, outrossim, seja constitucional seja subconstitucional, não contém palavras inúteis. Todas elas têm sua utilidade para melhor explicitar seu conteúdo. O ato de extrair da norma jurídica todo seu conteúdo de comando se insere na interpretação. O inciso II do artigo sob anotação usa da palavra *prevalência.* Semanticamente, tem o significado de priorizante, de preferencial. A questão é que, se priorizar alguma coisa, sempre será em relação a outra qualquer. Na hipótese em exame, a prevalência é dos direitos humanos, sem a menor dúvida. Certamente não será sobre o tema dos outros incisos, visto todos estarem no mesmo nível de importância.

5.4. Autodeterminação dos povos

O Brasil é um país soberano, tendo como um de seus fundamentos a soberania (art. 1º, I, da CF), que no plano interno é soberania popular (art. 14 da CF). Nos estados federais, a soberania convive internamente com a autonomia dos demais entes federativos. No plano internacional, no convívio com os demais Estados e até no concerto dos países do Universo, o Brasil ingressa apoiado em sua soberania. Nenhum país é mais soberano que ele, bem como ele não é mais soberano que qualquer outro, se se admitissem graus de soberania. Isto estaria a significar que a atividade político-administrativa brasileira, mesmo havendo relações internacionais, sempre será em nosso território, imprimida por nossa soberania.

O Brasil reconhece nos demais Estados a mesma soberania. Mais do que isto, se põe contrário em relação a quaisquer formas de colonialismo ou imperialismo. Sabe, por experiência relativamente a Portugal, que o colonialismo impede o próprio grerenciamento administrativo e põe o povo em situação de submissão. O exemplo, ainda neste Século, de colônias africanas sob o comando de Estados europeus, é claramente demonstrativo de violência contra as aspirações cívicas dos povos. Filosófica e politicamente, entende que os povos devem, atendidos os justos anseios nacionais, se autodeterminarem, sem tutelas e comandos estrangeiros.

A autodeterminação dos povos, referida no inciso III do artigo ora anotado como um dos princípios a ser seguido pelo Brasil nas relações internacionais, abrange o poder dos povos se tornarem independentes, livres do jugo colonizante, podendo, por isso, se auto-organizarem, se auto-estruturarem, votando suas Constituições e leis, que sirvam à disciplinação jurídica de seus territórios, com a escolha de seus governos independentes. A orientação de nosso País na matéria é erradicar para sempre, tornando-se passado sem retorno, as formas pacíficas ou não de colonialismo. Cada povo tem direito a ter satisfação livre de suas faculdades de libertação e de independência.

5.5. Não-intervenção

É princípio conseqüencial ao anterior. É resultado lógico da autodeterminação dos povos. Esta responde à necessidade de fim do colonialismo. A não-intervenção impede o seu retorno. Entenda-se. Na autodeterminação, entrega-se ao povo o direito de se autodirigir de modo independente. A intervenção extingue, temporária ou definitivamente, o autodirecionamento. Embora conseqüência, a explicitude constitucional se justifica. Significa uma tomada de posição internacional contra o imperialismo que, não poucas vezes, tenta erguer a cabeça para alcançar países subdesenvolvidos.

O princípio de não-intervenção, como colocado no texto constitucional, inadmite exceções. Nada a justifica. O povo, usando de suas faculdades, dirige seu Estado. Outro Estado, por ato de imposição, ingressa na vida interna do primeiro, para subjugá-lo, passando a dirigir os seus destinos, com afastamento das justas manifestações populares. A tanto se resume a intervenção. Na VI Conferência Panamericana, o tema foi discutido, posicionando-se os EEUU pela possibilidade de intervenção em algumas hipóteses. Na VII Conferência, que se realizou em Montevidéu, houve aprovação unânime de não-intervenção, sem exceções.

5.6. Igualdade entre os Estados

Há duas realidades internacionais salientes. A primeira, a que constata a existência de Estados desiguais. Uns desenvolvidos, com boa solução para os problemas da pobreza, do analfabetismo, tornando o bem-estar do povo de alto nível. São aqueles Estados em que o desenvolvimento, seja o cultural, o econômico, o da satisfação das necessidades de saúde, de habitação e lazer, é razoavelmente bom. Há, de outro lado, os

Estados subdesenvolvidos, sem condições de solucionar com razoabilidade os problemas de seu povo. E entre uns e outros, a certeza de que, pelo menos faticamente, os Estados não se encontram em situação de igualdade.

Na formação dos organismos internacionais, há outra realidade visível. Algumas potências conservam o poder de veto às deliberações, direito que outras não têm. Na utilização de certas armas nucleares, nem todos os Estados podem ser titulares para seu uso. Só algumas potências é que terão este direito de utilização. No Conselho de Segurança da ONU, só cinco Estados-membros que participam dele, em caráter permanente. Desta realidade e aqui qualificável como jurídica, os Estados não têm, no plano internacional, tratamento igualitário. É a segunda realidade que afasta o tratamento isonômico dos Estados, nas relações internacionais.

O Brasil, no inciso V do artigo ora anotado, se afasta desta orientação desigualitária, propondo outra, a da igualdade entre os Estados que, via de conseqüência, vai forçar o tratamento isonômico nas relações internacionais. Colhe-se da história que, no início do Século, na Conferência de Haia, Ruy Barbosa já defendia esta posição de igualdade. Justifica-se este posicionamento. Todo Estado possui idêntica dignidade jurídica, a mesma força de soberania, o que também exige tratamento igualitário. Nem as circunstâncias fáticas que levam à desigualdade nem os acordos internacionais podem obscurecer o princípio da igualdade, fundamental à liberdade dos povos.

A posição do Brasil é de autenticidade. No plano interno, pelo próprio fato de ser republicano, adota o princípio da igualdade de todos perante a lei. Não-obstante, na realidade social, nem todos nascem com as mesmas oportunidades, ressaltando-se diferenças durante a existência humana, adotou-se a regra isonômica para minimizar as diferenças, oportunizando-se igual tratamento para todos. Com esta compreensão no plano interno, lógico é adotar a mesma orientação no plano externo, relativamente aos Estados. Mesmo porque a igualdade entre os Estados significará, a médio prazo, a igualdade entre todos os seres humanos.

5.7. Defesa da paz

O brasileiro sempre foi um povo de propósitos pacíficos. Nunca pretendeu ou se lançou em guerra de conquista, inaceitando soluções imperialistas. É da história constitucional brasileira a utilização prévia de arbitramentos e outras medidas e recursos próprios para evitar guerras ou conflitos armados entre Estados. Assim foi na Constiuição de 1891, na de 1824, na de 1934, na de 1937, na de 1946, na de 1967/69 e na atual. Esta, de maneira genérica, no inciso VI do artigo 4º, em anotação, eleva a princípio, nas relações internacionais, a defesa da paz. Não é um posicionamento simplesmente retórico. A experiência brasileira passada demonstra esta qualidade. Fugimos sempre do colonialismo e da guerra, como conseqüência do espírito de orientação do povo.

Conhecemos, neste Século, duas guerras mundiais, em que o Brasil participou, sempre ingressando quando o conflito já tinha se iniciado e não havia meios de impedir a manutenção da beligerância. Mas as conseqüências ficaram como um alerta. A guerra reduz, durante ela, a possibilidade de progresso, atrasa o desenvolvimento, a economia pública sofre os efeitos, etc. A nível humano, são vidas que se extinguem, a tragédia ocorrendo todo dia. A guerra se apresenta, em grande percentual, como significando aspectos negativos pessoais, econômicos, políticos, etc. Como conseqüência, a orientação expressa em defesa da paz é medida que merece aceitação.

5.8. Solução pacífica dos conflitos

Esta orientação constitucional brasileira é antiga. Em outras palavras, já era exposta na Constituição de 1891 e nunca deixou de ser regrada em texto constitucional. A Constituição de 1946 trouxera uma inovação. Havia como que uma espécie de hierarquização dos meios pacíficos para solução dos conflitos. Falava-se no artigo 4º em "meios pacíficos de solução do conflito, regulados por órgão internacional de segurança". A utilização dos meios indicados por organismos internacionais de que o Brasil era integrante, estava autorizada constitucionalmente. No princípio em vigor, os meios utilizados não são especificados.

A respeito, assim se pronuncia o magistério de Celso Ribeiro Bastos (*op. cit.*, 1º v., p. 459): "O Texto atual nem referência faz a organismos internacionais. Limita-se a uma nova proclamação a favor da solução pacífica dos conflitos, de que resulta tão-somente a exclusão implícita da guerra, mas não faz o Texto qualquer alusão a uma possível hierarquia de meios pacíficos; e é sabido que há uma variedade destes, a começar dos jurisdicionais, que envolvem o recurso à Corte Internacional de Justiça e à arbitragem, até os não-jurisdicionais, que envolvem os bons ofícios, a conciliação e a mediação".

5.9. Terrorismo e racismo

O Século atual é o século do *terrorismo* normalmente profissionalizado, tecnicamente organizado e, muitas vezes, de atuação internacional. Suas vertentes são várias - organizações de direita e de esquerda, outras com objetivos sedizentes nobres, libertação de territórios, etc. - e os meios utilizados de enorme variedade. Assim, bombas em eventos públicos, em locais de grande concentração humana, em transportes os mais variados, sendo comum o na aviação aérea. O terrorismo objetiva, através do pânico, da tragédia, do morticínio, etc., demonstrar a força de determinado movimento ou seita, em busca de efeitos, normalmente de libertação e, noutras vezes, sem indicação precisa do porquê dos atentados. O resultado, normalmente com muito sangue e dor, causa desespero, preocupação e temor.

Os Estados buscam se organizar entre eles para evitar ou, ao menos, minimizar os efeitos do terrorismo. O impedimento de asilo político ao terrorista ou a possibilidade de extradição, afastado o terrorismo dos crimes políticos e de opinião, são medidas que dão mais força à perseguição criminal dos que se dedicam ao terrorismo. Os tratados e convenções entre países no referente ao terrorismo em aviões e navios, prevendo-se medidas penais e processuais práticas para efetivação contra os terroristas, devem atuar como elementos de prevenção a esta barbárie do Século XX. O terrorismo nas aeronaves, por exemplo, atacando passageiros dos mais diversos Estados, antes que um crime com previsão em cada Estado, poderia ser tipificado como crime internacional, por ter como ofendida a humanidade.

O *racismo* sempre acompanhou os agrupamentos humanos, durante a história. Uma religião sustenta, inclusive, que, tendo Caim matado seu irmão Abel, Deus lhe deu um sinal revelador para todos os tempos. Este sinal seria a cor negra. Em outras palavras, o mundo religioso adotou, desde seu início, o signo do racismo. Qual outro motivo fez com que os semitas andassem pelo deserto, perseguidos por outros povos? Basta uma vista restropectiva dos problemas atuais em Israel, Palestina e outros povos da região, para se ver que, nas divergências e beligerâncias, há um grande componente do racismo, agora, contra os judeus. E a Alemanha de Hitler?

Não faz muito tempo, na África do Sul havia o *apartheid* alimentado pelo racismo e o colonialismo.

Martin Luther King foi fulminado por uma bala assassina, assim como Malcom X, não por suas religiões. Não há necessidade de outros exemplos porque os referidos são suficientes para demonstrar que a existência humana sempre teve a seu lado os preconceitos de raça e de cor. O racismo e o terrorismo, cada um em sua específica área e com seus efeitos negativos, devem receber uma contrariedade dos Estados, cada um por si e todos coordenadamente. O Brasil, em regra programática para as relações internacionais, os repudia.

5.10. Cooperação entre os povos

O simples fato da cooperação entre Estados não tem o significado de princípio a ser adotado pelo Brasil. Isto porque coopera-se em guerra de conquista, em ações imperialistas, etc. A cooperação indicada no inciso IX do artigo em comento é finalística. Há a cooperação com o objetivo de alcançar o progresso da humanidade. Não é uma simples cooperação; é o ato de cooperar altamente positivo. Esta cooperação pode se realizar de duas formas diferentes: como ato unilateral brasileiro, colaborando e ajudando outros Estados em sua tentativa de progredir, e como ato bilateral.

Quando os Estados somam esforços para combater o tráfico de drogas, de armas, ou para evitar doenças contagiosas, elaborando tratados e convenções, cumpre-se o objetivo de alcançar o progresso por meio de cooperação entre todos. Esta cooperação, outrossim, pode alcançar associações mais abrangentes, formando-se organizações internacionais. A Organização das Nações Unidas - ONU - ou a Organização dos Estados Americanos - OEA - são resultantes dos Estados se proporem, através de cooperação recíproca, a alcançar um desenvolvimento mútuo maior. O Brasil faz presença a este combate, com o princípio ora anotado.

5.11. Asilo político

O Brasil, por força do inciso X do artigo 4º ora anotado, se compromete, atendidos os pressupostos pertinentes, a conceder asilo político. Este, em sua compreensão genérica, se realiza quando se dá acolhida em território brasileiro a estrangeiro, evitando-lhe a perseguição de seu País, de natureza política. Entenda-se. Existe o denominado território estatal, onde se assenta o Estado, e o território ficto onde estão localizadas nossas embaixadas. O asilo político *stricto sensu* é a guarida que se dá no território estatal. O asilo diplomático, que não deixa de ser asilo político, é ocorrência nas embaixadas.

Não obstante a Constituição silencie a respeito, há um pressuposto básico para qualquer concessão de asilo. O asilado deve estar sendo perseguido politicamente em seu país, com ameaça de prisão ou impedimento à sua locomoção de ir e vir, por defender idéias atritantes com as de seu país, mas conformes com as constantes na Carta política brasileira. Parece lógico que o Brasil não deva conceder asilo político para que alguém, asilado em nosso território, venha defender idéias que se atritem com as professadas em nosso Estado. Além do mais, o ato de conceder asilo não é judicial. A competência é do Presidente da República. A própria concessão de asilo político é ato político.

Sempre haverá uma possibilidade de, concedido asilo político pelo governo brasileiro, o país de origem do asilado requerer sua extradição. Como se sabe, há a garantia prevista no artigo 5º, LII, da CF, de que "não será concedida a extradição de estrangeiro por crime político ou de opinião". Aparentemente, já definido que se trata de perseguição política, tanto que concedido o asilo, poder-se-ia concluir que a matéria estivesse superada, não se conhecendo do pedido de extradição? Seria correto se dar ao ato político do Presidente da República a força excluidora do exame judicial da matéria, visto que o pedido de extradição é julgado pelo Supremo Tribunal Federal (art. 102, I, *g*, da CF)?

Não há que se confundir ato político com ato judicial nem criar relação de dependência entre ambos. Cada Poder decidirá nos limites de sua competência para o pertinente efeito: asilar ou extraditar. Administrativamente e como ato político, a concessão do asilo tem eficácia. Os pressupostos que a assentaram, todavia, não têm efeito para outras situações que não a de concessão de asilo. Não há espécie de preclusão que impeça, por parte do STF, o julgamento do pedido de extradição. O Pretório Excelso deverá examinar, com liberdade e autonomia, se há, ou não, a presença de crime político ou de opinião. O entendimento aceito pelo Poder Executivo não tem repercussão no Judiciário. Cabe, por isso, ao STF examinar a presença das condições do pedido de extradição, mesmo sabendo que o deferimento importará na revogação do asilo.

Além deste aspecto de não poder um requisito do ato político ter repercussão em decisão judicial, cujos critérios são outros, há outra circunstância a ser enfatizada. A Lei nº 6.815, de 19 de agosto de 1980, o Estatuto do Estrangeiro, ao tratar da interdição, diz em seu artigo 77, § 2º, que "caberá, *exclusivamente*, ao Supremo Tribunal Federal, a apreciação do caráter da infração" (o grifo é nosso). Não se está fazendo interpretação constitucional a partir de lei infraconstitucional, o que seria, na hierarquia das leis, inadmissível. O que se ressalta é que a própria lei ordinária, mesmo tirante os aspectos constitucionais, é clara em sua orientação. É certo, porém, que se a legislação subconstitucional normatizasse diferentemente, a hipótese seria de sua inconstitucionalidade.

5.12. Integração econômica da América Latina

O parágrafo único do artigo 4º em comento diz que "o Brasil buscará a integração econômica, política, social e cultural dos povos da América Latina...". Não se trata, a toda evidência, de norma constitucional preceptiva, de aplicação imediata. O verbo *buscará* afasta qualquer interpretação neste sentido, visto que direcionada ao futuro, próximo ou não. O certo é que se trata de comando dirigido ao legislador e, mais propriamente, ao Executivo, que deverá empreender esforços para a pretendida integração latino-americana. A norma de que se trata se categoriza como programática, a que não tem condições de aplicação imediata. Configura propósitos, carta de intenções, a se transformar em preceito, no futuro.

A norma programática tem existência atual, cuja aplicação é diferida para mais adiante. Mas, de logo, serve como elemento para interpretação porque compõe, com as outras normas constitucionais, uma principiologia constitucional com a qual as outras normas infraconstitucionais devem se conformar. No ato de promulgação do texto constitucional, as normas programáticas são consideradas para apoio à recepção constitucional ou, ao contrário, por desconformidade do ato infraconstitucional, negar-lhe validade revigorante, perdendo o ato infringente qualquer eficácia normativa. Estes aspectos são essenciais à questão referente à recepção constitucional do Tratado de Montevidéu, que criou a Associação Latino-Americana de Livre Comércio - ALALC -, em 15 de fevereiro de 1960.

Com base nos regramentos relativos ao direito internacional, a ALALC cumpriu todos os requisitos para sua validade atual frente à Carta Política vigente. Sem dúvida, a ALALC se manteve. Não só porque não contraria a regra programática da integração econômica mas, porque, principalmente, segue a orientação do texto constitucional no concernente a se formar uma comunidade latino-americana de nações. Deste modo, houve recepção, pela Constituição de 1988, da ALALC. Como conseqüência, a Associação continua em vigor, visto significar relação internacional, e, conforme nela regulamentado, aplica-se no território dos Estados participantes, entre eles o Brasil. O parágrafo único do artigo 4º da Lei Maior, que serve de parâmetro, deu a validade atual, tornando-a eficaz. Como ato representativo das relações internacionais, tem toda sua validade.

Bibliografia

ALMEIDA, Fernando Barcellos de. *Teoria Geral dos Direitos Humanos*. Porto Alegre: Sérgio Antonio Fabris, 1996.

BARROSO, Luis Roberto. *O Direito Constitucional e a Efetividade de suas Normas*. 2ª ed. Rio de Janeiro: Renovar, 1993.

BASTOS, Celso Ribeiro. *Comentários à Constituição do Brasil*. v. 1. São Paulo: Saraiva, 1988.

——. *Comentários a Constituição do Brasil*. v. 7. São Paulo: Saraiva, 1990.

BETING, Joelmir. *A Crise sumiu*, artigo publicado em O Estado de São Paulo de 22.12.96, Caderno de Economia, B-2.

BEVILAQUA, Clóvis. *Código Civil dos Estados Unidos do Brasil Comentado*. 6ª ed. São Paulo: Livraria Francisco Alves, 1940.

BONAVIDES, Paulo. *Curso de Direito Constitucional*, 6ª ed. São Paulo: Malheiros, 1996.

CAETANO, Marcelo. *Direito Constitucional*, v. I. Rio de Janeiro: Forense, 1977.

CANOTILHO, José Joaquim Gomes. *Constituição Dirigente e Vinculação do Legislador*. Lisboa: Ed. Coimbra, 1982.

CAVALCANTI, Themístocles Brandão. *Teoria do Estado*. Borsoi, 1958.

CRETELLA JÚNIOR, J. *Comentários à Constituição de 1988*. v. I, Rio de Janeiro: Forense Universitária, 1990.

DINIZ, Maria Helena. *Norma Constitucional e seus Efeitos*. 2ª ed. São Paulo: Saraiva, 1992.

DÓRIA, A. de Sampaio. *Direito Constitucional, Comentários à Constituição de 1946*. v. 2. Max Limonad, 1960.

FERREIRA, Pinto. *Comentários à Constituição Brasileira*, 2º Vol. São Paulo: Saraiva, 1990.

FERREIRA FILHO, Manoel Gonçalves. *Curso de Direito Constitucional.* 22ª ed. São Paulo: Saraiva, 1995.

FRANCO, Afonso Arinos de Melo. *Curso de Direito Constitucional Brasileiro.* v.2. Rio de Janeiro: Forense, 1960.

JACQUES, Paulino. *Curso de Direito Constitucional.* 4ª ed. Rio de Janeiro: Forense, 1964.

KELSEN, Hans. *Teoria Geral das Normas.* Porto Alegre: Sérgio Antonio Fabris, 1986.

LASSALE, Ferdinand, *apud* BASTOS, Celso Ribeiro. *Comentários à Constituição do Brasil.* 1º Vol. São Paulo: Saraiva, 1988.

MAGALHÃES, Roberto Barcellos de. *Comentários à Constituição Federal de 1988.* v. II, Rio de Janeiro: Lumen Juris, 1977.

MALUF, Sahid. *Direito Constitucional.* 13ª ed. Sugestões Literárias, 1981.

MAXIMILIANO, Carlos. *Hermenêutica e Aplicação do Direito.* 9ª ed. Rio de Janeiro: Forense, 1979.

MELLO, Celso Antonio Bandeira de. *Curso de Direito Administrativo.* 4ª ed. São Paulo: Malheiros, 1993.

MENDES, Gilmar Ferreira. *Controle da Constitucionalidasde.* São Paulo: Saraiva, 1990.

MIRANDA, Pontes de. *Comentários à Constituição de 1967.* Tomo III. São Paulo: Revista dos Tribunais, 1967.

MIRKINE-GUETZEVITCH, Boris. *Evolução Constitucional Européia.* José Konfino Editor, 1957.

MOREIRA NETO, Diogo de Figueiredo. *Curso de Direito Administrativo.* 10ª ed. Rio de Janeiro: Forense, 1992.

NASCIMENTO, Carlos Valder do. *Finanças Públicas e Sistema Constitucional Orçamentário.* Rio de Janeiro: Forense, 1995.

NASCIMENTO, Tupinambá Miguel Castro do. *Comentários à Constituição de 1988 - Ordem Econômica e Financeira.* Porto Alegre: Livraria do Advogado, 1997.

PEREIRA, Caio Mário da Silva. *Instituições de Direito Civil.* v. I. 5ª ed. Rio de Janeiro: Forense, 1980.

POLETTI, Ronaldo. *Controle da Constitucionalidade das Leis.* Rio de Janeiro: Forense, 1995.

RAMOS, Elival da Silva. *A Inconstitucionalidade das Leis.* São Paulo: Saraiva, 1994.

RÁO, Vicente. *O Direito e a Vida dos Direitos*. v. 1, 3ª ed. São Paulo: Revista dos Tribunais, 1991.

SANTOS, J. M. de Carvalho. *Código Civil Brasileiro Interpretado*. v. I. 12ª ed. Rio de Janeiro: Freitas Bastos, 1980.

SILVA, José Afonso da. *Aplicabilidade das Normas Constitucionais*. São Paulo: Revista dos Tribunais, 1968.

——. *Curso de Direito Constitucional Positivo*. 6ª ed. São Paulo: Revista dos Tribunais, 1990.

——. *Direito Ambiental Constitucional*. São Paulo: Malheiros, 1994.

TEMER, Michel. *Elementos de Direito Constitucional*. 10ª ed. São Paulo: Malheiros, 1993.

VIAMONTE, Carlos Sanchez. *apud* BONAVIDES, Paulo. *Curso de Direito Constitucional*. 6ª ed. São Paulo: Malheiros, 1996.

VIEHWEG, Theodor. *Tópica e Jurisprudência*. Brasília: Ministério da Justiça e Editora Universidade de Brasília, 1979.

Impresso com filme fornecido pelo cliente por:
LA SALLE
Gráfica Editora
FONE: (051) 472-5899
CANOAS - RS
1997